ある戦時下の抵抗

哲学者・戸坂潤と「唯研」の仲間たち

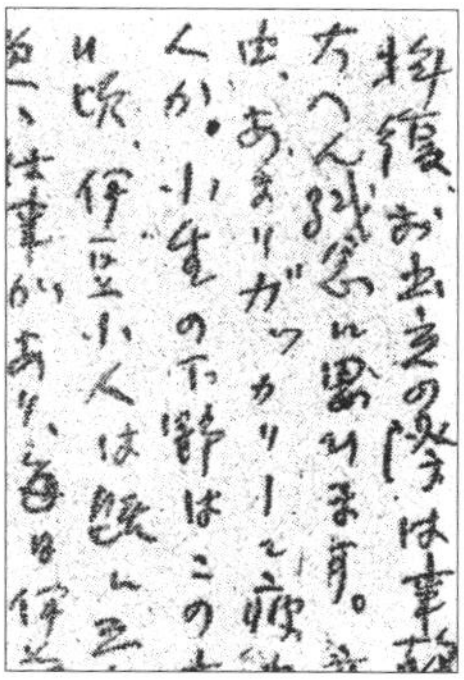

戸坂下獄直前のハガキ（部分）

岩倉　博［著］

花伝社

ある戦時下の抵抗——哲学者・戸坂潤と「唯研」の仲間たち◆目　次

まえがき

今年は、二〇〇〇万人のアジアの人びと、そして三〇〇万人の日本人を殺し去ったあの十五年戦争（日中戦争、太平洋戦争）の敗戦から七〇年である。それは同時に、世界に冠たる「政治・思想警察」として君臨した特高警察の解体七〇年でもあり、その思想ゆえに獄死させられた唯物論哲学者戸坂潤（一九〇〇年九月生、一九四五年八月獄死）の没後七〇年でもある。

しかし戸坂潤も、そして戸坂が全力をあげた「唯物論研究会」も、多くの国民の記憶から消えて久しいように思われる。

＊

唯物論研究会（唯研）は、十五年戦争の入口「満州事変」が仕組まれた翌年（一九三二年）の秋に創設され、機関月刊誌『唯物論研究』と後継誌『學藝』が弾圧によって停刊を余儀なくされる一九三八年の秋まで、戦争とファシズムの嵐の中を六年もの間活動し続けた反ファシズムの民間研究組織、科学者組織である。

唯研が活動した一九三〇年代は、治安維持法が猛威をふるい特高が暗躍するなか、結社の自由が制限され弾圧によって多くの文化団体が潰滅させられ、言論界とジャーナリズムは萎縮して時の権力に迎合し、思想・文化の世界が「転向」と動揺の大波をかぶっていた時代であった。しかしすべての思想や文化が、戦争とファシズムの嵐になぎ倒されたわけではなかった。ドイツでナチスが台頭し国内でも同様の嵐がすさぶなか、中国に対する侵略行為と国内でのファシズムの進行、言論抑圧などに抗する知識人たちは少なからず存在した。唯研に結集したそうした若き知識人たちによって、かろうじて日本の良心は生き続けたのである。

＊

本書は、その十五年戦争下、特高の厳しい監視のもとにあって、反ファシズムの志をもって活動した唯物論研究会とそこに結集した戸坂潤をはじめとする人びとの物語である。

いまなぜ、一九三〇年代の唯物論研究会と戸坂潤、そしてその周辺の人びとの足跡をたどろうとするのか？　端的に言って、戦後七〇年、まがりなりにも民主主義と平和を維持してきたこの国で、憲法を死滅させる「安全保障法制」なるものが準備され、いま再び「戦争とファシズムの跫音」が聞こえ始めたからである。

その跫音がさらに近づくか遠ざかるかは、すべてわれわれの手にゆだねられている。その意味で、ファシズムに抗した戦時下の苦難の歴史と、その人びとの人間模様、そしてその日常を知るのは、あながち無駄なことではないと思うからである。

＊

唯研が活動した八〇年前と今とが、本質的に同じであろうがなかろうが、現にある「現実」を踏まえて考え行動した彼らの生き方こそ、われわれが学ぶべき点であろう。鋭敏な感覚で時代をとらえて生きる人びとにこそ、時代の力、歴史を動かす力がある。

ファシズムがどんなに荒れようと、ファシズムと戦争に抗しつつ人生を楽しみ、仲間と交わり、初志を貫こうとした彼ら。メンバーの多くは二〇代、三〇代の若者たちであった。彼らは狂信的で神話的な天皇主義、つまり「日本精神」「日本主義」を鋭い時代感覚から批判し続けた。八〇年後の今日から見れば、時代認識に制約があるのは当然だろう。しかしどんなに制約や弱点があろうが、彼らの思想と行動のうえに戦後の民主主義思想が打ち立てられたのは間違いない。

学ぶべきは、どんなに弾圧の嵐が吹こうとも非人間的な好戦イデオロギーに組みせず、人間的、理論的良心をもって現実を生き抜こうとした彼らの「身構え」にこそある。

＊

本書は全六章で構成し、戸坂潤の京都帝国大入学から唯研創設とその活動、そして獄死までを描いたが、もとより戸坂潤ひとりの評伝ではなく、その思想の書でもない。有り体に言えば、戸坂を中心にして「唯研」に集い活動した人びとのノンフィクション物語である。

二〇一五年五月、戸坂潤の長野刑務所押送の日に

筆　者

第1章　若き京都学派――戸坂潤と三木清――　一九二一年～二九年

京都帝大　一九〇〇年～二一年

戸坂潤が、東京市から優良児童の賞状をもらって赤坂の青南小学校を卒業し、神田ニコライ堂近くの私立開成中学校に入学したのは一九一三（大正二）年のことである。

戸坂は一九〇〇（明治三三）年九月二七日神田松下町に生まれたが、父はすでに病没しており、母久仁子も病身で授乳ができないため、母方の実家・石川県羽咋《はくい》郡に乳母とともに預けられて、そこで五年間を過した。戸坂は幼い頃、金沢の叔父が経営する缶詰工場に連れて行かれるたびに、缶詰の切れ端を材料にした機関車作りに夢中になった。六歳の時に東京に連れ戻されて母久仁子と神田錦町に住んだ後、母方の親戚で青山南町の川崎新吉宅に寄寓し、その支援で聡明な少年に育ち、開成中入学の時は神田錦町に戻っていた。

戸坂は開成中学時代、数学が得意で自然科学にも興味をもつ「読書家」「思想家」で通っていた。二年時の英語の試験で、survival of the fittestという言葉が出て、ダーウィンを知っていた戸坂は「適者生存」と正訳して先生にほめられたことがあった。上級に進むとアインシュタインやボーアなどによるめざましい物理学の進歩に刺激を受けて、進化論や国家・政治について強い関心と興味をもった。

同級生には内田昇三（1901.1生、生物学者・千葉大教授）、渡辺進（洋画家）、村山知義（1901.1生、劇作家・演出家）らがいた。戸坂は一年時から原宿の内田の家によく遊びに行き、渡辺とは城崎や上高地、諏訪などへの旅を楽しんだが、校友会の役員になる四年時まで、全校唯一のクリスチャン村山知義を知らなかった。その村山が、欧州戦争（第一次世界大戦）のさなか校友会雑誌に平和論を書き、「僕は兵士にとられても、敵に向っては発砲しない。天に向って撃つ」と言ったことで、「国賊！」「ロシアに行ってしまえ」とおおぜいの生徒になぐる蹴るの制裁をうけた。

同じ校友会雑誌に「欧州戦争は吾人に何を教ゆるか」（一九一六年七月）、「進化論上の国家観」（五年生時、一九一七年）、「愛国心漸衰《ぜんすい》の兆《きざし》あるか」などを発表してやや国家主義的な主張をもっていた戸坂は、村山知義の平和論を認めることはできなかった。戸坂は暴力こそふるわなかったが、放課後の教室で村山に声をかけた。「世界中のたくさんのすぐれた頭脳が、苦心して到達したたくさんの思想がある。それを知ってから、キリスト教を信じたって、おそくはない。何も知らないで、信じ込むのは狂信者だ」。そう言って戸坂は、ヘッケルトの『宇宙の謎』

やショペンハウエルの『意志と現識の世界』、桑木厳翼の『世界哲学史』などを読めと言って村山に渡した。村山はそれらを読み、図書館でニーチェ全集を読み進むにつれて「思想混乱」に陥ったが、キリスト教を洗い流すきっかけになった。

自然や科学への興味を断ち切れない戸坂は開成中学卒業後、一九一八（大正七）年秋、第一高等学校第二部乙（理科志望[1]）に首席で入った。受験雑誌の記者に首席になる秘訣を聞かれた戸坂は、「勉強さえすれば、誰だって一番になれる」と淡々と答え、そのあと神田錦町に母ひとりを残して、学生寮「向陵」で三年間（実質二年半）の一高生活を送った。

戸坂は「代ヘン」をよく頼み、寮の中はもちろん図書館に入り浸っては、多くの時間を読書にさいた。自然科学のより原理的なもの・より根本的なものに次第に関心を深め、志望大学を決めるころには「あらゆる学問をみてみると、その底には必ず哲学が流れている。哲学をしなければどんな学問も、その根本を知ることは出来ない。それ故自分は是非哲学をやりたい」と母久仁子に伝え、卒業を控えた一月、京都まで足を運んで西田幾多郎に会い、京都帝大行きを決心した。当時西田の講義は、哲学科はもちろん法経学部の教授をはじめ、関西一帯の諸大学からも哲学徒たちが聴講に押しかけるほど人気があった。

こうして一九二一（大正一〇）年春、戸坂は京都帝国大学文学部哲学科に入学した。当時の京都帝大哲学科は、哲学史に朝永三十郎、宗教学に波多野精一、美学に深田康算などが在籍していたが、「純哲」の西田幾多郎、田辺元らの存在をもって、日本の大学では最も充実した陣容と言われ、全国から俊英たちが集まっていた。戸坂の同期には谷川徹三（1895.5生、哲学者・法政大総長）や西谷啓治（1900.2生、宗教哲学者）、中井正一（1900.2生、美学者）がおり、一高の先輩三木清（1897.1生、哲学者）が前年七月に哲学科を卒業していた。三木は大学卒業後、大学院に籍を置き歴史哲学の研究を続けるかたわら、大谷大学、龍谷大学の講師となっていた。

戸坂が京大に入ったころの哲学界は、新カント派に軸を置いた教養主義が力をもっていた。少し前までは中江兆民らの唯物論・無神論の革命的思想、啓蒙思想の流れもあったが、当時の官学・アカデミー界では、この啓蒙思想を退けることで独自の理想主義的哲学を作り上げ、古典的な哲学の積極的な遺産と民主主義思想、社会批判や合理主義、そして唯物論的要素と哲学の科学性の根を放棄する傾向にあった。そのためにこの理想主義の哲学は、天皇制権力に保護された官僚的官学アカデミシャンと特権的エリートの「私物」になり、社会的矛盾の解決を求める人びとの生活要求や科学の発展とは無縁の世界にあった。

しかし哲学界とは別の政治経済の世界では、官学・アカデミー界をもゆるがすような事件が続いていた。戸坂が京都帝大に入った四月、足尾銅山でストライキが起き、六月には神戸の三菱と川崎両造船所で三万人の争議が起こった。翌二二年には日本共産党をはじめ、日本労働総同盟や日本農民組合が結成され、階級的な運動が激しさを増し、東京帝大に始まった「社会科学研究会」が全国の大学に広まろうとしていた。

卒業・入隊　一九二一年〜二五年秋

戸坂は文学部哲学科にはいると、一高独法科から来た同郷の西谷啓治とすぐ親しくなり、下宿先でも北西部にある愛宕山への登下山中でも、始終議論し合った。

当時の京都帝大文学部では、普通講義と呼ばれる概論的な講義が必須科目で、哲学科ではそれが十二、三科目あった。戸坂は、哲学や哲学史、社会学や心理学などの必須科目を一回生ですべて終え、あとの二年間を専門分野の研究に当てることを決意していた。そのために西谷と手分けして必須科目を聴講し、互いのノートを交換した。戸坂のノートは要領よく明晰な筆致でまとめられていた。

必須科目をクリアした後、戸坂は数理哲学を専攻して主に幾何学を研究した。当時、非ユークリッド幾何学や相対性理論など、科学の領域で大きな変革が起こり、認識論での新たな対応が新カント派内部にも迫られ、戸坂はカッシラーやライヘンバッハの科学論を手がかりに、まずカントの空間論の検討を始めた。

しかしカントの空間論は概念間の関係が明晰でないように思えた。まだ漠然として輪郭はぼんやりしていたが、「空間という概念は、殆んど凡ゆる科学乃至理論の中に、問題となって現われて来る。例えば絵画や彫刻、演劇やキネマに就いてさえも、その理論の内に空間が可なり大切な問題となって現われるだろう。一体吾々が視・触り・聴くこの世界——実在界——そのものが悉く、空間的な規定を離れることが出来ない。吾々は日々の生活を完全にこの空間の支配下に送っているのである」（『現代唯物論講話』「空間論」、『戸坂潤全集』③、二三九ページ）。だから空間の問題はあらゆる理論、科学の問題として取り上げられなければならない、戸坂はそう考えて、まず「物理的空間」について考察し、二回生の時に「物理的空間の実現」をまとめ、三回生でも空間論を考え続けた。

戸坂がカントにもふれた空間論に関する卒業論文を大学に提出した夜、中井正一と四条を歩きながらそれぞれの卒論の内容を話し合い討論した。中井は卒論として「カント判断力批判の研究」を書いていたので、二人の議論は熱をおび、ついには夜通し開いている豆腐（料理）屋に入って論じ続けた。ようやく朝方四時頃、山科に帰る戸坂と下賀茂に向う中井は、三条東山で別れた。未来の哲学への抱負で、戸坂も中井も響きあっていた。

その一九二四（大正一三）年の春、二人は卒業して学士となったが、就職難の時代でもあり、戸坂も中井も大学院に籍を置くことにした。深田康算の薫陶を受けた中井は、幸いにも京都帝大哲学会委員を委嘱されて、その機関誌『哲学研究』の編集にたずさわることになった。しかし戸坂は大学院に籍を置いたもののその春から肋膜炎を患った。

戸坂は当時住んでいた京都山科や母の郷里石川県羽咋で肋膜炎の転地療養を続け、七月になってようやく全快した。その間続けていたビンデルバントの『意志の自由』の翻訳書を九月に大村書店から刊行したあと、卒論でテーマにしたカントの空間論を深める意味で、J・フォン＝クリース『カント、及び現代の自然研究に対するカントの意味』の要項をまとめ、さらに「物理的空間の成立まで──カントの空間論」を仕上げて、中井が編集にかかわっている『哲学研究』にその原稿を送った。[2] 病中・病後の立て続けの仕事は、その冬に控えた入営のためであった。四年前の徴兵検査で第一乙種に合格したとき、戸坂は一年志願兵を望んで卒業までの延期願いを出していた。「中等以上の学歴、二六歳まで」が一年志願制の条件で、志願しなければ「常備兵役三年」となって、年月をむざむざ無駄にしなければならない。戸坂は学問研究を断ち切る期間の短い方を選んでいた。

戸坂はひと通りの仕事を仕上げて一二月一日、一年志願兵として市川鴻之台《こうのだい》（現千葉県市川市国府台）の野戦重砲隊に入営した。この野戦重砲隊は、一年前の関東大震災時の朝鮮人虐殺にかかわった部隊であった。東京衛戍《えいじゅ》司令部の命令で都下に出動する途次、この部隊の将兵が多数の朝鮮人に直接手を下して虐殺した。第六中隊所属の久保野茂次は、岩波という少尉について「兵ヲ指揮シ鮮人二百名殺ス、〝特進少尉〟」とその手記に特記していた。戸坂は入営を延期していた幸運をかみしめた。大震災時にでも入営していれば、戸坂もまた虐殺現場に立ち合うハメになったかも知れない。

戸坂はある古参兵に、「尻の振り方が生意気だ」となぐられたことがあったが、富士の裾野での実弾射撃訓練などでは暇をもてあまし、足柄のなだらかな傾斜を見ながら青年期特有の哀愁に身を包ませることもあった。そんな兵営暮らしのある日、戸坂はノートを広げ、手短にメモした。「見よ、一人の全く性格の不明な男が、知識階級に伍すことを光栄としている高級なファンの膚を感激を以て粟立たせる。丁度朝鮮人の幻影が九月一日に時の当局を感激にまで駆ったように。……」。「一人の全く性格の不明な男」が古参兵なのか天皇嘉仁《よしひと》（大正）なのかはともかく、戸坂にとって兵営も軍国主義もまことに忌むべきものであった。

そんな兵営暮らしの戸坂だったが、哲学研究を中断する気はさらさらなかった。時には疲労困憊する軍事訓練の合間を縫って「空間論」の考究を続け、二回生の時にまとめていた「物理的空間の実現」に手を入れて、中井の『哲学研究』に送稿した。中井は、空前絶後の兵舎からの「送稿」に仰天した。後輩の学友たちは「戸坂は砲兵隊の兵営の中で、きっと『弾道と空間の関係』を研究しているのだろう」と冗談交じりに噂しあった。

一高会　一九二五年秋〜二六年秋

一高を出た梯明秀《かけはし》（1902.7生、哲学者・立命館大教授）が京都帝大哲学科に入ってきたのは、ちょうど戸坂が大学院に入った一九二四年の春であった。新入生の梯は、講義の内容よりも哲学というその雰囲気そのものに酔っていたが、ある講義の休憩時間に唐木順三（1904.2生、哲学者・評論家）が「あそこに四天王子がいる」とささやいた。唐木の視線の先には、教室前の芝生で談笑する戸坂潤、西谷啓治、高坂正顕（1900.1生、哲学者）、木村素衛（1895.3生、哲学者・教育学者）の四人の姿があった。梯ら新入生にとって、この四人には将来の哲学科のポストが約束されているように輝いて見えた。

除隊になる一九二五（大正一四）年の秋、戸坂が後輩の梯に「三木がまもなく帰ってくるんだがね。帰ってきたらしゃべる会でも持とう」と声をかけた。しかし「京都帝大はじまって以来の空前の秀才」三木清が帰国すると言われても、梯は三木なる男を知らなかった。

その三木清が岩波茂雄（1881.8生、岩波書店主）からの出資をうけて、ドイツ留学に旅立ったのは三年前の一九二二年春であった。三木が京都帝大哲学科を卒業して大谷大学、龍谷大学で哲学を教えながら、恩師波多野精一（1877.7生、宗教哲学）の夏期講義を筆記・整理して、波多野精一著『宗教哲学の本質及其根本問題』を岩波書店から上梓したのが出資の機縁となった。

三木はハイデルベルクでリッケルトに師事して「歴史哲学」を研究するかたわら、同じ留学生大内兵衛（1888.8生、経済学者）や羽仁五郎（1901.3生、歴史学者）らと交流した。三木は翌二三年五月、リッケルトの紹介で『フランクフルト・ツァイトゥング』に「日本の哲学に対するリッカートの意義」と題する論文を発表した（『三木清全集』②、岩波書店）。その論文のなかで三木は、日本で思想・学問が自立できない理由を二つあげた。一つは日本人の伝統的世界観である「仏教的、自然主義的汎神論」、もう一つは「久しく支配してきた天皇制絶対主義」で、それらが歴史研究を妨げてきた、というラジカルな認識を示した。

その秋、三木はマールブルクに移ってハイデッガー、カール・レービットから指導を受け「西洋マルクス主義」の系譜とつながりながら、ディルタイやジンメルを読み、生の哲学が含む問題を切実に感じ始めた。翌二四年春頃には、歴史認識の対象としての歴史ではなく、存在の解釈ないし生の批評としての歴史、根本的には存在の歴史性ということが、三木の関心の中心になった。さらにその夏パリに移って、ふと手にしたパスカルに心を捉えられ、帰国する二五年には「パスカルと生の存在論的解釈」「愛の情念に関する説――パスカル覚書」「パスカルの方法」「パスカルの賭」を矢継ぎ早に岩波書店の雑誌『思想』に送った。

その新進の哲学者三木清の土産話を戸坂と梯明秀がはじめて聞いたのは、一九二六（大正一五）年の正月を過ぎた頃である。戸坂、梯のほかに三木の親友谷川徹三、西谷啓治、梯と寮同室の樺《かんば》俊雄（1904.3生、哲学者・社会学者）ら一高出身の七、八名が、四条大橋のビヤホール「菊水」に集まった。それからは「一高会」と称して月一、二回集まっては、三木の話を聞くようになった。

三木は留学中のこと、自分の研究内容、たとえばハイデッガーから出発した解釈学的人間学、「パスカルにおける人間学」などを話したが、なんと言っても若い梯、樺たちを圧倒したのは、現実社会から隔絶した当時の講壇哲学界への激しい批判と日独哲学界の学者たちへの歯に衣を着せぬ人物批評であった。

三木は、日本の哲学の「ボーデンロース」（地盤喪失）、ドジョウが固まって動くような「アカデミック・フール」（学者阿呆）という言葉をさかんに繰り返した。それは講壇哲学の官僚性を脱して、哲学の市民性を作り上げようとする新鮮な息吹を感じさせた。三木の批判の矛先は、西洋思想の移植・紹介に留まる学者、学者としての生命が現実社会に根を下ろしていない者たちに向けられていた。同時に三木が強調したのは、日本の哲学のボーデンロースの根源は天皇制絶対主義と東洋的無の思想・仏教的自然主義的汎神論にあり、「哲学は生に、現実に地盤をもって、そこから独創的に生い立たねばならない」ということであった。それは天皇制国家への幻想を棄て、市民的な思想・哲学をめざす三木の姿勢でもあり、天皇制権力につかえることで保護される官学アカデミーへの批判でもあった。

三木清ではなく「三木不潔」と陰口されるほど、ビールと酒の勢いによる唾を四方八方に飛び散らしながら三木はしゃべりまくった。三木のアカデミー批判、講壇哲学への反発・主張に、ときどきは谷川徹三や戸坂が半畳を入れ、座をにぎやかにした。梯や樺たちにとっては三木の話に様々な啓発を受けながら、ビール代は先輩たちがもつので、じつにありがたい「一高会」であった。

三木はパスカル研究の完成をめざしながら、「一高会」を楽しんでいたが、二六年四月から第三高等学校（京都）の講師となり哲学概論を担当、六月にはこれまでのパスカルに関する論文を収録した処女作『パスカルに於ける人間の研究』を岩波書店から上梓した。

戸坂もまたこの四月から、京都高等工藝学校と同志社女子専門学校の講師を務めることになった。同志社女子専門学校での戸坂は、いつも横を向いて講義するので「横シャン」と渾名《あだな》された。

木曜会　一九二六年夏〜

一高会はその夏まで続いたが、しばらくして戸坂が「飲んで、しゃべるばかりではなぁー」と、ギリシャの古典哲学を原語で読もうと言い出した。この提案を受けて、アリストテレス『形而上学』を原文で読む講読会が、浄土寺西田町の三木清の下宿で始まった。一高会の延長のようなものではあったが、五高（熊本）出身の小島威彦（1903生、明星大教授）なども加わり、木曜日の午後開かれることから「木曜会」と呼ばれるようになった。

この会に参加するにはギリシャ語の素養が必要であったが、新たにギリシャ語を学ぶのは大きな負担で、梯明秀は思案のすえ「木曜会」には参加しないことにした。ドイツ語の訳書を使う方法もあったが、翌春までに仕上げなければならない卒論を考えると、ガブリエル・タルドを読むのに時間が必要だったたし、戸坂のつぎのような言葉も慰めになった。「語学の達者な奴は思想をつかまない。原本を沢山よんだら、哲学者になった気になっている。語学に不得手な人間は、文法的によまずに論理的に苦しんでよむ。文脈よりも直接的に思想を味わう得がある。おれも、このタイプだがね。三木がときどき原文の論理を逃すのは、語学が達者すぎるからだ」。それは、戸坂の体験から来る実感であった。

木曜会のメンバーの一人にマルクス主義に信を置く望月参伍（のちの藤堂参伍、滋賀県衛生科学センター所長）がいた。会を重ね交流が深まるにつれ、木曜会の面々は次第に「望月的マルクシズム」に感化されていった。木曜会は『形而上学』を終えると、マルクスの『経済学批判序説』をひもといた。

戸坂は木曜会を通じて三木と交遊しながら、引き続き「空間」について考え続けていた。除隊した三ヵ月後には『思想』に「幾何学と空間」を発表し、「幾何学は空間に基く。之が幾何学と他の一切の数学との区別される所以である。幾何学が数学として持つ特徴が之である」(『戸坂潤全集』①、四二八ページ)と論じた。しかし幾何学における思惟を条件づけるものとして、幾何学に特有の直感＝「幾何学的直感」をあげ、この「空間直感」を「根源的と考へられなければならない」とも主張していた。戸坂は幾何学に即して、認識過程であらわれる思考独自の運動を明らかにしようと、苦悩し、もがいていた。

その秋、戸坂は続けて「範疇としての空間に就いて」を『哲学研究』に発表した。「之は一つの習作である」と副題されたこの論文は、これまでの視角を変え新カント派を乗りこえて、空間を「存在論」的に把握しようとする試みであった。戸坂は、客観的存在を観念的な関係におきなおして問題にする新カント派の認識論では、客観的実在としての空間を把握できないと感じ始めていたし、生の哲学や新しい形而上学が強い影響力をもつなかで、存在を基礎経験として把握する三木清の影響もあった。

……なぜ空間を「存在論」的につかむのか。「吾々が或る一つの問題を提出する時、それに応じて、理想的に云って一定していなければならない一定の手懸りがある」「何人も彼が特に懐疑的でない限り(略)承諾するであろう処のもの、この意味に於て常識的である処のものが手懸りとなる（略）。このような常識的なもの、而もその内で空間の問題に個有な或るもの、それを私は『存在』と呼んだのである」（『戸坂潤全集』①、四四三ページ）……。

戸坂は哲学的カテゴリーを常識と呼ばれた一般的・社会的な観念から練り上げようとし、「生活、実践の観点が認識論の第一の、根本的な観点」（レーニン）という唯物論の方法に近づこうとしていた。

二六年末、戸坂は岡田充子と結婚した。

三木上京　一九二六年秋〜二七年

晩秋になって、東京の法政大法文学部の哲学科講師陣に二人の穴が空くことになった。法政の法文学部には安倍能成（1883.12生）や和辻哲郎（1889.3生）、出隆（1892.3生）や高橋穣（1885.5生）などが在籍していたが、各地に新設・拡充される官学に引き抜かれ、その後任として補充されていた哲学科の矢崎美盛（1895.8生）と河野與一（1896.9生）もまた翌二七年春には転任のため退官することになっていた。矢崎と河野は自分たちの後任として三木清と谷川徹三を推薦した。ふたりの推薦は教授会で異議なく通過したが、谷川は承諾したものの、三木は辞退した。「空前の秀才」「最も有力なる、未来の教授候補」の三木はその頃、西田幾多郎の推薦で河上肇（1879.10生、経済学者、当時京大教授）にヘーゲル弁証法を講じながら、京都帝大文学部からの招聘を心待ちにしていたのである。三木は、後輩の坂田徳男（のち帝塚山大教授）に「内密の話だが、助教授になることに内定した」と打ち明けてもいた。

　しかし三木は教授会の推薦を得ることができなかった。

　教授会で三木の助教授推薦が話題になったとき、三木の才能をねたむ若い研究者たちの間に、三木排除の動きが起きた。三木が谷川徹三の恋人「淀君」に横恋慕したとか、年上の未亡人と恋愛したという噂が流れ、その少し不道徳に見える三木の振る舞いと激しいアカデミー批判とを「潔癖な」教授たちが嫌って、三木の助教授就任はお流れになった。

　冬のある夕方、京都帝大の門を入った梯明秀は、悄然とした姿で時計台の右側から歩いてくる三木に出会った。梯は助教授の件が教授会にかかるのを知っていたから、「どうでした？」と尋ねると、三木は一言「いや、だめだった」とつぶやいて門の方に消えた。

　三木の行く末を案じた西田幾多郎が法政大学の文学部教授野上豊一郎に打診し、三木はようやく東京行きを決心した。法政大学の河野與一が西田から「ホウセイナントカタノム」という電報を受け取ったのはそれからまもなくであった。

　木曜会の「解散式」がビヤホール「菊水」で開かれた。ちょうど天皇嘉仁の死去した日（一九二六年一二月二五日）であった。「天皇崩御」の号外を手にした三木は「俺たちは今日かぎり、京都を棄てようじゃないか」と気炎をあげたが、ビールの回った戸田三郎（1901生、哲学者）に「なんだ！　三木さんはマルキシズムを売り物にするのか」と絡まれ、三木の反論に戸田の腕力がとうとう炸裂して三木の眼鏡が飛ばされる「荒れた解散式」になった。

三木　清（1944年）

三木が上京するに際して、西田幾多郎が岩波茂雄に手紙を書いた。三木が東京で生活するには法政大学の給与だけでは苦しいはずで、岩波の援助が必要だろうと、西田は考えていた。三木の才能を知っている岩波茂雄は、ヨーロッパ留学に続く二度目の援助として、三木を編集顧問として岩波書店に迎えることにした。当時出版界は円本時代で、改造社が『現代日本文学全集』を出せば春陽堂が『明治大正文学全集』を出すなど疾風怒濤の時代で、どの出版社も新しい知恵と企画を求めていた。岩波書店も古典の普及をめざして新たに「岩波文庫」の刊行を検討していた。三木は一九二七年四月に上京して法政大学文学部哲学科の主任教授となり、日大、大正大の講師も兼任した。

岩波書店で編集の仕事を一人でこなしていた小林勇（1903.3生、のち岩波書店会長）は、岩波茂雄から西田の手紙を見せられ、「いろいろ三木の意見を聞くとよい」と勧められ、三木が下宿する本郷菊坂の菊富士ホテルを訪ねた。ホテルとは言うが、菊富士ホテルは広津和郎や宇野浩二などが仕事部屋や下宿先に使う、いわば下宿屋である。

三木はその下宿屋の三階、東北の隅っこの部屋にいた。三木は体が大きく、色の黒い、髪の毛の多い、一見近寄りがたい風貌をしていた。しかしなんどか会ううちに、小林は三木に惹かれ傾いていく自分を感じた。学識の広さ深さは驚くべきもので、今までの学者タイプと違って勿体ぶらず、ものを聞けば嫌な顔をせずに何でも明確に応えるし、解釈と批評は新鮮で的確だった。二人は酒の付き合いを含めて、急速に親しくなった。

三木は最低でも週一回は岩波書店に通った。著者選定の助言はもちろん、広告や宣伝文を書くこともあった。三木の出現は岩波書店を活気づけ、早くもその夏七月には、「岩波文庫」三一冊を第一回配本として刊行した。発刊の辞「読書子に寄す——岩波文庫発刊に際して」の原案は三木が書き、岩波茂雄が出版界批判を書き加えるため手を入れた。

「真理は万人によって求められることを自ら欲し、芸術は万人によって愛されることを自ら望む。かつては民を愚昧ならしめるために学芸が最も狭き堂宇に閉鎖されたことがあった。今や知識と美とを特権階級の独占より奪い返すことは進取的なる民衆の切実なる要求である。岩波文庫はこの要求に応じそれに励まされて生まれた。……」

三木は非常な勉強家であった。小林勇とどんなに遅くまで飲んでも、帰ってから必ず机に向った。「どんなことがあっても、一日二時間以上は本を読む」。三木はそう言って、唯物史観に関する研究を続けた。六月には『思想』に「人間学のマルクス的形態」を寄せ、八月には「マルクス主義と唯物論」を発表した。三木の意図は、人間学と史的唯物論を結合すること、マルクス主義に人間学的解釈をほどこすことによって、危機にさらされている資本主義の社会生活上の意識や観念を考えていくことにあった。その独特なマルクス主義の解釈によって、学界は注目し、三木は論壇の第一線に躍り出た。

周囲には常にジャーナリストが群がり、若い学者や学生たちがとりまくようになった。しかし既存の大家たちは、論壇・学界に一躍進出した三木を警戒した。三木は「もはや岩波書店の『哲学叢書』（一九一五〜一七年刊）は古い、それに替るマルクス主義哲学を含めた新しい叢書を出そう」と言い出したが、速見滉『論理学』は七万部、高橋穣『心理学』は四万部などと『哲学叢書』は依然としてよく売れており、旧著者たちの強い反発を受けた。三木は処世術はへたで、周囲に真意をうまく伝えることができなかった。結局「哲学叢書」を補充する形で「続哲学叢書」を出すことになり、三木は戸坂に、その一冊として「科学論」をまとめるよう依頼した。

「空間論」一九二七年〜二八年

そのころ戸坂は京都の自宅（左京区鹿ヶ谷寺ノ前町）で、卒論執筆のため卒業を一年延ばした梯明秀の希望で、クールノーの講読を一緒に進めていた。

梯の卒論のはじめの狙いは、現実の社会問題を具体的に扱い得るような社会学を構築することで、宇治にある黄檗山萬福寺《おうばくさんまんぷくじ》の塔頭《たっちゅう》にこもって準備を開始した。しかしデュルケムよりも哲学的にみえたタルド、タルドからクールノーへと遡っていったが、新たな社会学構築の方法論はなかなか見いだせなかった。「ここは戸坂の頭脳を借りる以外にない」、そう決意して、戸坂に頼み込んでクールノーを講読し始めたのである。最初は近くに住んでいた西谷啓治も、戸坂の声かけで参加していたが、やがて二人だけの講読会になった。

梯は講読に疲れたとき、戸坂を二階に残して階下に下り、女丈夫の戸坂の母「小母さん」と雑談して頭を休めた。前年の冬に戸坂と結婚した充子夫人は、週一回遠方の黄檗から戸坂のもとに通ってくる梯のために、毎回夕食を準備してくれた。食事で四人が顔を合わすと、戸坂と小母さんの時局談義が始まり、意見が分れると成り行き上、梯が仲裁役にまわった。小母さんの時局観は戸坂よりも具体的であった。

戸坂はクールノー講読をつうじてフランス語を身につけるとともに、クールノーの理論が、実在の中には論証的理性によっては把握できない要素があることを認めていることを知った。

戸坂は梯と一緒にクールノーと付き合いながら、やはり空間論の思索を深めていた。その夏、戸坂は「性格としての空間論——理論の輪郭」を『思想』の「新進哲学論文号」（第七二号、一九二七年一〇月）に発表した。空間は存在の、自然の、したがって物質の性格だという主張で、性格とは存在の存在性、物質固有の存在の仕方という意味の概念であった。三木清が存在性を解釈学的に理解していたのにたいして、物質に固有の性格だと見ようとするのが当時の戸坂の狙いであった。

戸坂は冒頭部分で「人々は自然を実在として信頼する。現実にかくあった、又現実にかくあると信じる。……人々にとって自然という概念は現実に対する彼等の信頼の外の何ものでもないであろう。これが自然といふ常識概念成立の動機であり従ってこれが概念の性格の第一歩である」

と書き、末尾を「空間は述べてきた意味に於て自然という存在の仕方の性格でなければならないであろう。そして同時にこのことが空間の根底的な性格である」とまとめた（『戸坂潤全集』①、四六四、四七六ページ）。

秋になって、戸坂が鴻之台の野戦重砲隊に原隊復帰することになった。六ヵ月後には、陸軍砲兵少尉になって戻って来るはずだった。秋の深まりとともに、梯は卒論「社会の虚偽性」の仕上げに忙しくなった。

翌一九二八年三月末に除隊した戸坂は、『哲学研究』の編集作業に精を出す中井正一に、就職先が見つからないことを嘆いてはいたが、まもなく『思想』七月号（第八〇、八一号、一九二八年六、七月）に「空間概念の分析」を発表した。

この論文のポイントは、認識論的・論理学的な基礎理論の展開と、その基礎理論を「物質の性格」として把握した「空間概念」の分析にあてはめたことであるが、その中で特徴的なのは、「常識」を通じた哲学上の認識を重視し、常識や日常性の概念の問題を強調したことであった。戸坂は論文の冒頭「準備的考察」の中で、次のように書いた。

数学や物理学のようにその専門が「realistisch〔実際的〕な部門」とちがって、それが「humanistisch〔人文主義的〕な部門であるならば、述語が日常語に於て有つ地盤を検討することは多くの場合非常に必要であるであろう。そして哲学――この多義な言葉を最も普遍的に用いるとして――に於ては、どのような場合にも、このことが絶対に必要である。もしそうしなければ、哲学は常識からの通路を有たないこととなり、入口なき象牙の塔の内に閉じ込められて了うこととなるであろう。数学や物理学などにとって通路を形造っているものは、計算や実験であるが、哲学にとっては之に相当する通路が失われて了うことになる」(『戸坂潤全集』①、四七七ページ)。

また生々しい軍隊体験を終えただけに、この論文にはその体験からくる省察もちりばめられていた。「還元性と優越性とは別である。吾々は念のために社会的な一例を引こう。国民皆兵であるならば軍人でない国民はないであろう。国民は凡て軍人に還元される、けれども総ての国民が軍人という性格を有つのではない。軍人を以て任じ得るものは特殊の地位の人々だけである。他の人々は還元性に於ては軍人であるが優越性に於ては軍人ではない。この場合還元性と優越性との混同は、事実一つの社会的誤謬として知られているであろう」(同、五〇五ページ)。

この一節には、「天皇の軍隊」への戸坂の嫌悪と反発が示されていたが、ともかくも科学のもつ合理性・論理性・唯一性と現実生活における人間の経験と知識を統一することを知性の不可欠の要件である、と戸坂は考えるようになっていた。物理学や科学の発展に沿って空間論はさらに考究すべきテーマだが、戸坂はこの七本目の論文を「空間論」の一つの区切りにして、三木が勧める「続哲学叢書」の一冊「科学論」に挑戦し、あわせて弁証法について講究しようと考えた。恩師田辺元の弁証法理解に疑問があったからである。

田辺元は二四年の『カントの目的論』刊行以来、カントの反省的判断力を弁証法的に考え直す必要を感じ、ようやく二七年になって「弁証法の論理」を『哲学研究』（一九二七年三月、五月、七月）に三回にわたって連載した。田辺には弁証法といえば何でも解決すると考える学生たちが多く、弁証法とはなにかを教えるという動機もあったが、田辺の考えは、弁証法は純粋の論理ではない、人間の意志、意志の論理であって存在とは関係がない、存在と関係するというのは弁証法の非論理的な解釈だ、というものであった。

しかし空間論を存在論的に考え始めていた戸坂は、弁証法はやはり基本的な存在の論理、構造だと考え、京都帝大卒業後も毎週設けられた田辺を囲む哲学茶話会（面会日）のたびに論争していた。田辺の正面に向かってどっかりと座った戸坂が、全身で親しみを表しながらも、猛烈な言葉で田辺批判を展開する。田辺も蒼白な顔をこわばらせながら反駁した。それは他人が口を出す隙がないほどの激しさであった。

船山信一（1907.7生、哲学者）は哲学茶話会で何度も同じような論争の場面に出くわした。その時の問題の焦点は、弁証法における否定の意義をめぐってであった。田辺の「弁証法に於ける否定は単なる否定であってはならない、それでは否定の否定がもつ高次の意味が消滅する」というのに対し、戸坂は「否定があくまで措定の否定であり、実践的揚棄の継起にほかならない」と譲らなかった。

しかし二人には、論争による蟠《わだかま》りも感情の疎隔も残らなかった。田辺はのちに「戸坂君の攻撃ほど、思想的の猛烈さに拘わらずそのやりかたのさっぱりしたものはなかった」「小生は此点に、戸坂君の稀有な尊敬すべき性格を認めざるを得ませぬ」と回想した。

『新興科學の旗のもとに』一九二八年

一九二八（昭和三）年二月二〇日、普通選挙による衆議院選挙が初めて実施され、政友会二一七、民政党二一六、無産政党八議席という結果になった。非合法の日本共産党は二月一日に『赤旗《せっき》』を創刊し、多数の党員を労働農民党（労農党）から立候補させたが、当選は京都一区の水谷長三郎、同二区の山本宣治の二名にとどまった。しかし労農党が全無産政党の得票数の半分をしめたことが、中国にたいするさらなる侵攻をねらう田中義一内閣に大きな衝撃を与えた。

三月一五日未明、田中内閣は一道三府二七県にわたり治安維持法違反の容疑で共産党員など千数百名を検挙し（三・一五事件）、翌月には労農党や日本労働組合評議会（評議会）などを解散させたうえ、第二次山東出兵を強行した。

その三月半ば、三木清が顧問を務める岩波書店で突如ストライキが起こった。壁に貼られた要求には、労働条件改善の要求に加えて「長田幹雄、小林勇の即時解職」という一項があった。岩波書店には「少年店員」という丁稚制度があり、岩波茂雄と寝食をともにし、かつ岩波を敬愛する少年店員が全店員の半分を占めて、実務の主導権を持っていた。そのため学卒や社会人から入った「大人の入店組」には、その雇用制度と多忙すぎる労働に不満が溜まっていた。

三木はその日、解職要求された小林勇のことが心配ですぐに書店に行って、ストライキ側の人間と会った。彼らは、小林が岩波茂雄との間に入って店主・茂雄の姿が見えにくいと、不満を訴えた。その主張は了解できることではないのだが、解職要求された小林は同僚に排斥されたことで心が千々に砕けた。翌日退店を決意して申し出たが、岩波茂雄は「労働条件改善は全部聞いてもいいが、君と長田の件は絶対に聞けない」と言った。その結果小林は書店に残りはしたが、鬱々とした日々が続いた。

三木は小林の心中を察し、春の宵に小林を夕飯に誘った。黙りがちに駿河台から上野広小路まで歩き、小林の郷里、信州伊那から出て来た料理屋「麦とろ」に入った。酒をのみ麦とろを食べて外へ出ると、三木はどこかへ行こうと言って歩き出し、上野駅へ向いながら「筑波山に登ろう」と言って土浦行きの汽車に乗った。しかし土浦の宿に入っても、三木は寡黙で小林も無口だった。その夜から降り出した雨が翌日も続き、結局二人は筑波山に登らぬまま東京に戻った。小林勇の胸に、三木清の友情だけがしみじみとしみた。

そのストライキの後、小林は本郷真砂町の朝陽館という下宿に移った。三木の下宿菊富士ホテルに近く、目白からやって来る羽仁五郎を入れて三人でよく会い、飽きずにしゃべった。小林は退店の意志を次第に固めていたが、なかなか踏ん切りがつかなかった。背中を押したのは、三木の一言だった。ある日三木は、この夏満州鉄道の講演会に呼ばれて講演料が手に入る、それを元手に雑誌を出そう、経済的責任は俺と羽仁が持つ、と言った。三木はその言葉どおり、七月末から大連、旅順、撫順、奉天、長春など満州各地を回り、講演料一五〇〇円を手にして八月末に帰国し、小林はようやく岩波書店を辞めた。小林は退職金と慰労金二五〇〇円を元手に新たな出版社の創業準備を開始した。

小林は三木と羽仁の雑誌はともかく、自分が企画する単行本の出版は別の出版社名でやろうと考え、岩波在職中から尊敬していた幸田露伴にその命名を依頼した。露伴は依頼した翌日、「きまったよ。テットウショオク。鐵の塔だ。いい本を出せよ」と言った。龍樹菩薩が鉄の塔から法華教を取り出した故事にちなんでいた。小林はショオク（書屋）を書院に改めて「鐵塔書院」とすることにして、岩波時代に学んだ「学問尊重の精神」を生かして出版事業にあたろうと心に誓った。

三木と羽仁は、新しい雑誌のことで毎日のように会って相談を重ねた。創刊する雑誌は、マルクス主義を基軸とする新しい学問意識の確立をめざすものにしたい、その意味で雑誌名は『新興科學の旗のもとに』がいいだろう、発行所は鐵塔書院に置く「新興科學社」として二人の共同編集にしよう、そんな相談を秋まで続けた。そして一〇月、ドイツ語版の『マルクス主義の旗のもとに』の装丁を模した創刊号が発売された。部数は三〇〇〇部ぐらいであった。

創刊に際して、三木は若い学生にむけて「眞理の勇氣」を書いた（『帝国大学新聞』一九二八年一〇月八日付）。「『眞理の勇氣』といふ言葉はヘーゲルの有名な言葉であるが、私のもつとも好きな言葉だ」「學問といへども時代の子である。従つて現代のやうな特に過渡的な時代にあつては既成科學に對して新興科學の生まれるのは當然である」「現代をある人々のやうにあらゆる議論を構へて永遠化しようとするのでなく、却つてこれを過程として正確に把握し得る者は、新興科學を把持し、展開せしめねばならぬ。實際、新興科學はマルクス主義を中心として既に發展しつつあるのであり、また發展し得るのである」「對立の激成しつつある時代においては眞理の勇氣なしには新興科學に仕へることが出來ない。この勇氣を維持するためには青年學徒の協力を必要とする」「かくてわれらは最近『新興科學の旗のもとに』といふ月刊雜誌を發刊したのである」「われらは眞理の勇氣を有する、われらはわれらの歴史的使命を知つてゐるつもりだ」(『三木清全集』⑲、四五七ページ)。

三木はその立場から創刊号に「科学批判の課題」を寄せ、続けて「理論歴史政策」「有機体説と弁証法」「唯物論とその現実形態」などを毎号のように書いた。ちょうど岩波書店の高級・専門的な学術雑誌『思想』が、この八月から休刊に追い込まれていた時期である。マルクス主義を普及する三木はいっそう有名になり、他雑誌からの依頼が増え、論壇の雄として誰もが認めるようになった。

一方小林は、時間は要したものの翌二九年春、鐵塔書院をスタートさせ、三木清の『社会科学の予備概念』、寺田寅彦の『万華鏡』の刊行にこぎ着けた。

マルクス主義研究会　一九二九年

京都帝大の楽友会館《らくゆう》で開かれたある日の哲学茶話会で、戸坂が「『問題』に関する論理」(同名論文は一九二九年二月『哲学研究』第一五七号掲載、『戸坂潤全集』②、所収）を報告した。戸坂は問題ということを一般的、論理的に考え、哲学は何を問題にすべきかを考察しようとしていた。それは三木が三年ほど前『哲学研究』に発表した「問いの構造」（一九二九年四月刊『社会科学の予備概念』所収、『三木清全集』③）とはかなり違う視点でもあった。

ひと通り報告を終えると、甘粕石介（1906.4生、のちの見田石介、哲学者）が、現代の問題が何であるのか、戸坂報告は具体的でない、現代の問題に帰るべきではないか、と発言した。

甘粕は二年前の春、船山信一、加藤正（1906.2生、哲学者）や坂田吉雄（1906生、歴史学者）とともに哲学科に入ってきた学生で、西田哲学に惹かれて京都帝大に来ただけに、論争になっても唯物論には絶対に負けぬという気持ちで勉学生活を送っていた。唯物論は共産党そのもので、奴らは虚栄心でやっているだけだ、唯物論を言っている奴らは下等だ、と考えていた。経済学は唯物論で哲学は観念論というのが、当時の学生の一般的な受けとめ方であった。

その甘粕が前年の秋、発売禁止になった小林多喜二の『一九二八年三月十五日』（『戦旗』一一月、一二月号）を読んで、大きなショックを受けた。波多野精一教授にその小説を薦めるほどに、甘粕は突き動かされた。弾圧を受け拷問にあってもなお砕け散らぬ哲学、それでも保持し続ける思想とはなにか？　甘粕はマルクス主義を学ぶ必要を強く感じ実行し始めていた。その時期の戸坂報告「『問題』に関する論理」であった。

その甘粕の発言に、戸坂と弁証法をめぐって論争していた田辺元さえ苦り切った顔をしたので、坂田は「もう、止めろ」と甘粕を制止した。しかし戸坂は甘粕に応えて自分の問題意識をていねいに説明した。戸坂の論文をいくつか読んでいた坂田は、やはり戸坂には京都学派的な非合理主義がない、偉いなと思った。数日後、坂田は思い立って「戸坂は有望だ。一度訪ねて見よう」と甘粕に提案し、同じ四高出身のふたりの友人東郷と永崎を誘って、戸坂の家を訪ねた。マルクス主義をかじり始めた学生たちは随分生意気な物言いもしたが、戸坂は柔軟に受けとめ、意外なことに一緒にマルクス主義の勉強会をもとうと提案した。

真下信一（1906.10生、哲学者）が京都帝大哲学科を卒業して大学院に進む直前の一月下旬、同期生の東郷から、マルクス主義哲学の研究を志す学生と読書サークルを作りたいから、参加するようにと誘われた。真下は迷った。険悪化する一途の社会情勢、そのなかでそのサークルに参加するということが、何を意味するか？　……真下は冬の夜空を見上げた。

三・一五事件の大弾圧以来、なお社会情勢は騒然としていた。世界経済恐慌にともなって日本でも労働争議が頻発し、一月に労農大衆党、二月にナップ（全日本無産者芸術連盟）[3]が結成されると、三月には治安維持法の改悪に反対した京都選出の代議士山本宣治が右翼に刺殺された。さらに「十年以下ノ懲役又ハ禁錮」としていた治安維持法は「死刑又ハ無期若ハ五年以上ノ懲役又ハ禁錮」に改悪され、特高警察も全国に設置されて、四月には共産党関係者三百人が一斉に検挙される四・一六事件が起きていた。

しかし真下は覚悟を決め、百万遍にちかい自分の下宿を提供して、マルクス主義研究会が生まれた。六、七人が集まって、何から手がけるかが話になったとき、戸坂が『マルクス・エンゲルス全集』第一巻に収録されているマルクスの学位論文「デモクリトスの自然哲学とエピクロスの自然哲学との差異」（一八四一年）からはじめようと提案した。真下は、戸坂が学問の心構えと態度を根源的につかもうと言っているように思え、強い印象をもった。『マル・エン全集』は改造社が前年夏から刊行を開始していた。

なんどか戸坂のところにも押しかけて、急激に親しくなった頃、戸坂が経済学をやろうと言い出した。甘粕らは、戸坂とはブハーリンの『史的唯物論』をしっかり学び論じたかったが、経済学の必要性も理解できるので、あまり気の進まないまま同じブハーリンの『金利生活者の経済学』もテキストに加えた。

このマルクス主義研究会は特高の目を避けるため、各自が時間をおいて集まったうえ玄関には下駄を置かずに部屋まで持って上がり、帰るときも周囲を窺ってから三々五々帰途につくなど警戒だけは怠らなかった。

『科学方法論』一九二九年

陸軍砲兵少尉となって除隊したものの戸坂はほぼ一年間「無職」にあえいでいた。ようやく大谷大と神戸商科大に職を得たのは、マルクス主義研究会を開始した一九二九年の春であった。

社会が騒然とする情勢のもと、若い知識人たちは現実の生活基盤からの「学問・文化の遊離」

戸坂　潤（唯研時代）

という問題に気づかされ、これまでの学問・文化の考え方に疑問を感じ、その再検討の必要を感じ始めていた。大谷大に学ぶ岩倉政治（1903.3生、作家）と本間唯一（1909.11.3生、文芸評論家）もそうした若者たちの一人であった。

岩倉はトルストイや有島武郎、やがては倉田百三に出会い、文学から宗教に迷い込んで二三歳の時に大谷大に入った。翌年一八歳で大谷大予科に入ってきた本間は、浅黒い顔にちぢれた長髪が印象的な佐渡の善宗寺の跡取り息子だった。ふたりが最初に出会ったのは文芸部会で、二人は文芸部のあり方をめぐって意気投合し、ついには下宿を同じにした。

文芸部では本間が短歌論を、岩倉は小説を機関誌に載せたが、大学では本間が国文学を、岩倉は鈴木大拙のもとで宗教学を学んだ。しかし国文学も宗教学も二の次で、下宿では競争するように流行のマルクス主義文献を読みあさった。本間にも岩倉にも、これまでの世界観・人生観に疑問があり、自己をすくい上げる「求道のもがき」に苦しみ、別の道を見つけようとしていた。

ちょうどそんな時期に、戸坂が大谷大に赴任し、唯物論史を講じたのである。地味な服装だが、いくらか黄味を帯びた明晰な声、白皙《はくせき》広額の知的な容姿、小肥りの肉体から発する精気で、戸坂はじつに颯爽としていた。二人はすぐにとりこになり、足しげく戸坂の自宅に押しかけた。岩倉が「唯物論をつかみきりたい」と言ったときに戸坂が言下に勧めた「プラトンのテマイオス」はかなり難しく、自分の素養の貧しさを思い知らされたが、戸坂が勧めてくれたマル秘研究グループ（マルクス主義研究会）はかなり役立った。そこには真下信一や梯明秀らも参加していた。

その六月、戸坂の処女出版『科学方法論』が「岩波・続哲学叢書」[4]の一冊として刊行された。三木清に勧められた「科学論」であったが、戸坂はこの本で、生活者の立場から科学というものを、現実の社会的基盤との関係においてとらえ直そうとした。

「空疎な興奮でもなく、平板な執務でもなくして、生活は一つの計画ある営みである。一定の出発と一定の目的とを有つ歩みで常にあるであろう。この意味に於て、歩みは道を逐うて運ばれなければならない。一切の生活に於けるこの特色は、恰《あたか》も方法という言葉によつて代表される」（『戸坂潤全集』①、五ページ）、「今日の学問性は主知的であらんがためでなくして却って恰も実践的であらんがためのそれであるから。実践生活の方法として、時代は学問（科学）を要求しつつあるであろう」（同、四〇ページ）。……「学問」は、まず現実の世界の「問題解決のための手段」という性格をもたなければならず、事物や自己自身についての「根底的な批判性」をもたねばならない。こうした学問、「学問の社会的規定に対する自己批判性」としての学問こそ、時代が要求しつつある学問にほかならない……。

この立場はその後の戸坂の科学論的考察をつらぬく基本的なモチーフとなった。

同じ六月、三木清も岩波書店から『史的観念論の諸問題』を出した。三木はその「序」で「近来マルクス主義思想の普及と共にもともと『非歴史的な』見方を習としてゐたこの國の人々の思惟にも歴史の理論が重要な問題のひとつとなるに到つた。このとき從來の観念論がこの問題を如何に提出し、如何なる方法によつて、如何に解決しようと企てたかを一應理解することは、あながち無駄ではないであらう」と刊行の意図を述べ、同時代に生きる自らの決意も記した。「私はこの書と共に私の過去を決算しようと思ふ」「批判的に、革命的に、行為するために、この書に於て私の過去をして十分に自己を語り、自己を主張せしめようと思ふ」「対立と矛盾とに充ちた時代は、よし我々にとつて幸福の時でないにしても、恐らく最も重大なる世界史的時期である。我々はこの時期の意義を把握し、實現するために、覺悟するように促がされてゐる」(『三木清全集』②、三—四ページ)。

第2章　唯研創設　一九二九年〜三二年

プロ科　一九二九年〜三〇年

一九二九年一〇月、東京本郷の仏教青年会館で、マルクス・レーニン主義の理論研究とその普及をめざすプロレタリア科学研究所（プロ科）が結成された。プロ科には、新興科学社の三木清、羽仁五郎や本多謙三（1898.11生、哲学者）、国際文化研究所[1]の秋田雨雀（1883.1生、劇作家）や蔵原惟人（1902.1生、文芸評論家）、産業労働調査所[2]の野坂参三や小川信一（本名・大河内信威、1902.7生、美術史家・評論家）、鈴木安蔵（1904.3生、憲法学者）、服部之総（1901.9生、歴史家）などが合流、日大予科のドイツ語教授新島繁（本名・野上巖、1901.11生）も参加した。事務所は神田今川町の江戸ビルに置かれ、所長に秋田雨雀が就き、書記長を小川信一が務めた。

プロ科の結成は、ちょうどナップ（全日本無産者芸術連盟）の機関誌『戦旗』が小林多喜二『一九二八年三月十五日』や徳永直『太陽のない街』などの作品を掲載して、労働者・農民に大きな影響を持ち始めた時期で、その流れが理論分野にも及んだ形であった。結成の翌月にはさっそく機関誌『プロレタリア科学』が刊行され、まもなく三木が「近代科学と唯物弁証法」(『三木清全集』⑩、所収)を寄せた。三木は「今日の緊急な課題を貧困の増大」と捉え、その解決こそ「今日の科学」であるべきで、マルクス主義・唯物弁証法がその科学だ、と主張した。

プロ科のメンバーは広い意味での「科学者」たちだが、世界と日本の政治・経済、労働者たちの切迫した状況が影響して、自然科学者よりも社会科学者の方が圧倒的に多く、機関誌『プロレタリア科学』が取り上げるテーマも、自然科学や技術関係のものは少なかった。

プロ科には、ソヴェート科学研究会、唯物弁証法研究会、支那問題研究会、芸術学研究委員会、政治経済研究部、自然科学部などの研究組織が設けられた。京都から戸坂潤もプロ科に加わり、三木が責任者を務める唯物弁証法研究会のメンバーとなった。

三木はプロ科に合流するまで『新興科學の旗のもとに』(第一三号で廃刊)に合計八本の論文を寄せて、マルクス主義の理論研究とその普及に努めていたが、「近代科学と唯物弁証法」を発表した後、日刊の宗教新聞『中外日報』に宗教を肯定する二つの論文(「文芸と宗教とプロレタリア運動」一九三〇年一月一日、『三木清全集』⑳、所収、「如何に宗教を批判するか」一九三〇年二月九日、『三木清全集』⑬、所収)をまとめた。

この二つの論文で三木が主張したのは、要約すれば「宗教的要求は人間の存在そのもののうちに横たわっている。だからこれを機械的に否定しても始まらないが、ブルジョア社会では宗教の真実がゆがめられている。宗教はプロレタリア運動と結びつくことによってそれ自身が解放され、そうすることによって『矛盾なき存在として発展し得る可能性』をもつだろう」ということ、つまり社会主義になっても宗教は存在し、そこでこそ矛盾のない正常な形で宗教が解放される、ということであった。

三木はきわめて誠実真摯にマルクス主義を考え、実存主義とマルクス主義とを史的存在論として接合、止揚しようとして、それを「唯物論の現実形態」と主張して若き知識階級に影響を与えてきたが、それは「正統マルクス主義」の立場からは納得できるものではなかった。

この二つの論文に、国際文化研究所のメンバーでプロ科ソヴェート科学研究会の責任者を務め、多くのソヴェート文献を翻訳紹介するなどマルクス主義の啓蒙に力を入れていた、正統マルクス主義者川内唯彦（1899.9生、社会運動家・翻訳家）は大きなショックを受けた。マルクス主義のテーゼのひとつは「宗教は民衆にとっての阿片」（マルクス『ヘーゲル法哲学批判』）であり、宗教は国家と同じように社会主義では死滅すると考えていたからである。川内は同郷の大先輩堺利彦の影響を受け、二二年七月の日本共産党の創立に参加し、その秋のコミンテルン（第三インターナショナル）[3]第四回大会でその創立について報告した確たる日本共産党員であった。

川内は六月、服部之総の批判論文「三木清氏の宗教学」（『中外日報』一九三〇年二月一九～二三日、五回連載）などに刺激を受け、服部らの三木批判に加わり、服部への三木の反論「宗教闘争と階級闘争」（『中外日報』一九三〇年二月二三日～、『三木清全集』⑬）を踏まえて、「マルクス主義者は宗教にいかなる態度をとるか――三木氏と服部氏の所論に就いて」を『プロレタリア科学』第六号（一九三〇年六月）に発表した。川内には日中戦争の危機が迫るなか、宗教者が戦争を支持することに大きな危機感があった。事実二年前、関東軍が張作霖を爆殺した翌日、神道・仏教・キリスト教の各教派が催した日本宗教平和会議では「本大会は我が国体に背反する共産主義等の結社及びその運動の絶滅を期す」という決議を上げ、二九年秋には政府が教化総動員の訓令を布告して宗教の利用を強化していた。共産党員の川内にとっては、党綱領（二七年テーゼ）にある「君主制の廃止」（天皇制打倒）の要求を反宗教運動の面から支えることが大切な課題であった。

戸坂検挙　一九三〇年二月

三木清が宗教に関する二つの論文を新聞に発表した翌二月初旬[4]、戸坂が京都川端署に検挙・留置された。梯明秀とともに共産党幹部に一夜の宿を提供したのが理由であった。

梯は京大卒業後、樺俊雄の世話で二九年から大阪の相愛女子専門学校に職を得て、守口に下宿を構えていた。その下宿の小母さんの甥っ子で関西学院に通う西村欣治郎（1902.7生、一九三一年一〇月二〇日獄死）がよくやって来て、梯の本棚に並んだ社会学の本やマルクス主義の本に興味を示し、二人の交友が始まった。一九〇二年生まれの西村は梯と同じ歳だが、朝鮮で代用教員をしたり兵隊に二年間とられるなど、苦労を重ねた末、関西学院の哲学科に進んだから、同級生よりは四、五歳の年長であった。西村はナップ（全日本無産者芸術連盟）のオルグ久板栄二郎（1898.7生、劇作家）からドイツ語を学ぶうち、マルクス主義者に転じていた。

梯はそれまで理論的にのみマルクス主義を眺めていたが、西村との付き合いで左翼の実践状況に開眼し、理論的に眺めるだけの限界を痛感させられた。梯が教壇に立った四月には、前年の三・一五事件に続く四・一六事件があり、インテリゲンチャたちのマルクス主義への関心がいっそう高まっていた。

その秋、哲学会の秋の公開講演会に誰を呼ぶべきかという西村の相談にのった梯は戸坂を推薦し、戸坂には西村を優秀な学生として紹介して関西学院で講演することを勧めた。

関西学院の学生草野昌彦（1908.5生、のち中学校教師）が戸坂をはじめて見たのは、この講演会だった。演題は「科学の歴史的社会的制約」（同名論文は『東洋学芸雑誌』第四六巻第一号掲載、『戸坂潤全集』②、所収）というもので分らぬことが多かったが、戸坂が淡々と説く姿は印象的だった。

戸坂はその頃「論理の政治的性格」や「無意識的虚偽」など、のちに『イデオロギーの論理学』（鐵塔書院刊、『戸坂潤全集』②、所収）に収録される論文を書き上げ、マルクス主義者としての立場を固めつつあり、西村の規則正しい真摯な態度、揺るぎない決意、共産党につくす気概に引きつけられていた。

一二月になって梯明秀が結婚し、伏見桃山に新居をもった。翌三〇年その借家で、「実践界」

に明るい理論家たちの集まりがあった。梯は「研究場所を提供した」程度にしか考えていなかったが、そのうちの二人が泊めて欲しいというので、戸坂にも頼んで手分けして一夜の宿を提供した。戸坂も梯も知らなかったが、泊めたのは共産党再建に奔走していた幹部たちで、梯の新居に泊まったのは佐野博（1905.3生、共産党中央委員）、戸坂の方は田中清玄（1906.3生、共産党中央委員長）であった。

戸坂が家に戻らなかった翌朝、母の久仁子は弁護士の能勢克男（1894.8生）に電話をかけ「息子がカワバタ警察で、一夜あかしたはずだ」と告げた。事情聴取のため連日川端署に呼び出されていた戸坂は、最悪の場合を考えて能勢に弁護を依頼し、久仁子には「そうなったときの連絡先」として能勢の電話番号を伝えていた。能勢は同志社大学における総長海老名弾正排斥要求にストをもって抗議して二九年に同大を追われたあと、弁護士事務所を開いていた。能勢は何度も川端署を訪れて拷問を加えぬよう牽制し、戸坂は一週間ほどして釈放されたが、結婚したばかりの梯は一ヵ月間も留置された。

やがて釈放された梯はお詫びのため、新妻と一緒に戸坂家を訪ねた。戸坂の妻充子は病で伏せって顔をみせなかった。「君はいい新婚旅行をしたじゃないか。おれは毎日カバンをもっての出勤さ。手記を書いたら帰る、まぁ優遇されたが、最後になって錠を下された」。久仁子は母親としての愚痴もこぼさず、「おかわいそうに、結婚三ヵ月目で、何も知らない奥さんの方が気の毒だ」と、数日間留置場に入れられた梯の新妻を慰めた。

その頃戸坂はこの一年ほどの間に雑誌に発表した論文を一書にまとめ刊行する準備を進めていた。……理論はこの社会の歴史的発展、社会全体の歴史的運動を把握するものでなければならない。運動の動力と方向との必然を見出し見抜く、そこにこそ社会科学の学問性がある。歴史的感覚とは正常な実践的な社会的関心以外にない……。そう考えていた戸坂は四月になって序文を仕上げ、鉄塔書院の小林勇に渡した。

「今吾吾にとって必要なのは、思想の論理学なのであり、それが『イデオロギー』の論理学なのである。イデオロギーという言葉を観念形態という意味に用い始めたのはカール・マルクスの独創に由来すると言われている。従って今云うイデオロギーという言葉はただマルクス主義の理論に立ってのみ、初めて正当な問題となることができる。『イデオロギーの論理学』はマルクス主義にのみぞくする」（『イデオロギーの論理学』、『戸坂潤全集』②、三ページ）。

マルクス主義の立場に確固として立った『イデオロギーの論理学』を六月に刊行した翌月、美しく柔和で弱々しかった妻充子が亡くなった。告別式は無宗教で、しんみりしたものだった。一歳半の嵐子がひとり残された。

愛妻の死は、戸坂にとって苦しいものだった。吹き荒れ始めた天皇制ファシズムの嵐のなかで、それに抵抗し刃向かう者が遭わねばならぬ運命を、戸坂は妻の死によって強く知ることになった。講壇と書斎に蟄居して哲学的思弁に生きる道もあったかもしれない。しかし戸坂が選んだのは、思想家としても生活人としても、天皇制と軍国主義の現実と対決することで時代の課題をになない、そういう仕方で民衆の生活と現実に加わる道であった。

……マルクス主義への確信をもって学問的生活を始めるのは「空疎な興奮」ではない。しかし同時に、その学問的生活のためにも「一つの計画ある営み」をせねばならない……。無宗教の告別式は、マルクス主義者として生きる、そのスタートであった。

三木検挙　一九三〇年五月

服部之総と三木清とが宗教論をめぐって論争していた三〇年五月、三木が共産党シンパサイザー事件[5]で検挙された。プロ科の書記長小川信一に頼まれて提供した資金が、治安維持法違反にあたる共産党への資金提供だというのが理由であった。三木は数日後にいったん釈放されたが、七月には起訴されて豊多摩（中野）刑務所に収監、すべての職を失った。

しかし収監という苦境に立たされた三木に対し、同じプロ科仲間から手ひどい批判が浴びせられた。すでに『思想』五月号は服部の「観念論の粉飾形態――三木哲学の再批判」を掲載、一時釈放された三木は次号に「唯物論は如何にして観念化されたか――再批判の批判」（『三木清全集』⑩）を寄せ、「服部のいう哲学的唯物論は思想の歴史的制約性を理解せぬ観念論である」と反論していたが、さらに『思想』七月号は服部の「唯物弁証法的世界観と自然――三木哲学に於ける弁証法」、栗原百寿（1910.12生、農業経済学者）の「相対主義の浮浪的弁証法――三木哲学批判」を掲載した。もちろん学問的批判なのだが、「粉飾」した「浮浪的弁証法」というのは、再収監されて充分に反論する条件のない三木には断罪にも等しいものだった。さらに八月になってプロレタリア科学研究所そのものが「哲学にたいするわれわれの態度――三木哲学に関するテーゼ」を発表して追い打ちをかけた。要するに「三木の哲学的観点はまだ不徹底で、階級闘争の立場からのものではない」と三木哲学を切り捨てたのである。三木は十指を数えるそれらの批判論文に触れながら、獄中で手記「マルクス主義哲学について――特にその宗教的及び自然弁証法の主張について」（『三木清全集』⑱、所収）をまとめ、マルクス主義哲学と三木の哲学思想との違いを率直簡明に書いたが、獄中手記だけに公にすることはできなかった。

このプロ科のテーゼは三木をひどく傷つけた。一一月半ばに懲役一年・執行猶予二年となって釈放されたが、三木はプロ科を去った。

釈放直後、古在由重（1901.5. 生、哲学者）が高円寺の三木の家を訪ねた。そのとき三木は和服姿のまま小さい庭で草いじりをしていた。どこかにやつれと失意、そして寂しさが感じられた。治安維持法違反で逮捕釈放された〝アカ〟を訪ねる人間はあまりなく、三木は古在の二時間ばかりの訪問を非常に喜んだ。

古在が三木清を意識したのは、東京帝大哲学科を卒業して大学院に籍をおき、吉野源三郎（1899.5 生、『世界』編集長）や粟田賢三（1900 生、哲学者・岩波書店勤務）らとフォールレンダーの『西洋哲学史』を翻訳しつつ、仲間たちとデカルトやヘーゲルの講読会を開いて次第にマルクス主義に関心を持ちはじめていた頃であった。三木の処女作『パスカルに於ける人間の研究』につづく『唯物史観と現代の意識』や雑誌の三木論文を深く読み込んでいたわけではないが、アカデミー哲学の世界から最初にマルクス主義に接近しその普及に努めていた三木の実績だけは知っていた。

その古在がはじめて三木に会ったのは一九三〇年、ドイツから来日したヨハネス・クラウス神父（当時上智大教授）がこの年から始めたプラトン・アリストテレス協会というわずか一〇人ばかりの小さい集まりの席上であった。月一回のこの研究会で、古在はプラトンの対話篇『国家』を報告したことがあるが、この協会での出会いが三木との親交のきっかけになった。

その頃古在は、東京女子大の教え子をとおして共産党の非合法紙『第二無産者新聞』[6]の読者となり、共産党への資金提供にも応じるようになっていた。三木の検挙は、マルクス主義と共産党に急接近する古在自身の未来をも暗示させたが、それゆえにこそ古在は三木に強い親近感をいだき訪問したのだった。

しかし釈放後の三木は、時代の精神を敏感にうけ止めそれを理解する力も十分にあったが、プロ科を離れて一つの役割を終えたかのように、それまでもっていたマルクス主義的な主張を著しく弱めた。考えてみれば、唯物史観や唯物論を主張し大きな影響を与えたときでも、三木自身はマルクス主義者ではなかった。三木の知性が、「マルクス主義という知性」を受け入れただけで、古在にはその後の三木が西田幾多郎の歴史哲学まで後退したように感じることがたびたびあった。しかし三木との交友は変わらなかった。戸坂がのちに「三木清氏と三木哲学」（『戸坂潤全集』

⑤）に書いたように、「この自由主義者は他の自由主義者のおおくの者とはちがつて、相当抵抗力のある進歩主義者」だったからである。

その後、古在は三木に依頼された短い原稿を二、三度は書いたが、『イデオロギー論』（理想社、一九三二年七月刊）への「イデオロギーとしての道徳」の寄稿要請にも、何度か誘いのあったヘーゲル会への参加にもなかなか応えることができなかった。その頃古在は、非合法の新たな仕事、『コムニスティシェ・インテルナチオナーレ』などを自費で購入翻訳して、復刊されたばかりの『赤旗』に提供する非合法活動を始めていたのである。

戸坂上京　一九三一年

一九三一年二月、ヘーゲル百年忌を記念する国際ヘーゲル連盟の設立にあわせて日本支部ができ、三木清が支部代表になった。三木は国際ヘーゲル連盟のために日本版『スピノザとヘーゲル』を編集・執筆したが、プラトン・アリストテレス協会はいつの間にか国際ヘーゲル連盟日本支部のような形になり、協会編集の『ギリシャ・ラテン講座』（鉄塔書院）を刊行後、活動は休止状態になった。

春になって、三木「失職」後の後釜として法政大の要請をうけた戸坂が、京都でのすべての勤務をやめて上京することになった。真下信一らマルクス主義研究会のメンバーは、送別ピクニックを石清水八幡の丘をはるかに望む淀の河原で開き、そのあと甘粕石介の家で徹夜で飲んで、最後の「徹底議論」を楽しんだ。一晩戸坂を帰さなかった甘粕や坂田吉雄らは翌日、戸坂の母久仁子に電報で呼び出され「潤はいままで一度も外泊しなかったのに」と大雷を落とされる「おまけ」までついた。父子家庭の戸坂家には、一晩とはいえ父親の不在は「大事件」であった。

四月に上京した戸坂は母久仁子、二歳半の娘嵐子とともに省線阿佐ヶ谷駅から歩いて二〇分ほどの質素な平屋造りの借家に落ち着いた。

通い始めた法政大学では、「職を失った」はずの三木清が講義を続けていた。当時の法政大学文学部は、学長松室致、予科長野上豊一郎のもと、官学にはみられない新鮮味と堅実性を保ち、進歩的で独創性のある学者と進取的な学生が数多く集まっていた。文部省との関係で「教授辞任・失職」とはしていたが、収監中は谷川徹三が三木の代講を務め、三木保釈後は逆に三木を谷川の代講として講義を続けさせる措置をとっていた。[7] そのうえ京都から戸坂を迎えて、法政大学の哲学科はさらに強化された形となった。

ある日早稲田の哲学科を出たばかりの哲学青年が、「阿佐ヶ谷駅の北口に徳田球一の従弟・耕作さんが営むモナコという喫茶店がある。モナコは左翼ファンや文学青年、絵描きなどの『理論家肌の青年』たちの溜まり場だから」と言って戸坂を案内した。そこでは「モナコの耀子」こと光成《みつなり》秀子（1908.4.7生、戦後共産党船橋市議）が給仕をしていた。光成は二年ほど前に離婚して一人息子を育てるのに必死だったが、戸坂はなんどか通ううち、光成がプロレタリア文学に興味をもっているのを知り、光成に自分の論文の有料筆耕を頼んだ。光成は戸坂の家に出向き久仁子から夕食などを馳走になりながら、戸坂論文を清書した。互いに惹かれるものがあったが、光成はしばらく後に一人息子を不幸にも亡くしてモナコを辞めた。光成が新たに赤色救援会[8]の仕事に就き、差し入れに便利な豊多摩刑務所近くに引っ越ししたため、二人はしばらく疎遠になった。

戸坂は上京後、プラトン・アリストテレス協会にも顔を出した。そこで戸坂は『イデオロギー論』への三木の寄稿依頼を断ったという古在由重と、はじめてあいさつを交わした。戸坂は三木の誘いに応じて、その『イデオロギー論』のために「イデオロギーとしての哲学——諸哲学のイデオロギー論的分析のための基準」（『現代哲学講話』白楊社、一九三四年刊、『戸坂潤全集』③、所収）を寄稿したが、執筆を断る男に興味があった。古在に替って評論界の大御所長谷川如是閑（1875.11生）が「イデオロギーとしての道徳」を書いたというから、なおさらであった。話せば古在は理と知と情を兼ね備えた男のように思えた。

法政大学の哲学会は春と秋に講演会を開いていた。五月の講演会では相良徳三（1895.8生、美学美術史学者）、板垣鷹穂に続いて、赴任したばかりの戸坂が「アカデミーとジャーナリズム」を講演し（『法大新聞』六月五日、『戸坂潤全集』③、所収）、その折、秋にはヘーゲル百年忌にちなんだ講演会開催が発表された。

その秋の講演会が、従来の形をかえて社会学会と哲学会とが合同して一般社会にも訴えようという試みのため場所を学外に移し、国民新聞講堂で開かれた。戸坂・三木という「花形役者」を活用した法政大学の宣伝をかねたこの講演会は、開始時刻前に会場は満杯となり入場を断るほどの盛況となった。

藪内勲太「共同態理論の一問題」、谷川徹三「哲学と芸術」の講演に続いて、戸坂が登壇した。戸坂は社会と意識の問題について社会概念と国家概念の分離を説き、まさに意識の問題に移ろうとしたとき「中止！」を喰らった。それからは「中止！」「注意！」の連続だった。次の林恵海「歴史と宗教」も中止、その次の松本潤一郎「現実態としての社会」は再三の注意を受けながらなんとかやり終えたが、最後の三木「社会の形而上学」も、ヘーゲルを回顧したあと範疇の歴史性を述べるところで「中止！」を命じられた。『法政大学新聞』は、「再三の中止を浴びつゝ講演会盛況」と題して当日の様子を報じたが、「解散！」にならず検挙者も出さなかったことが唯一の救いであった。

戸坂はつねづねから「ぼくは決して言葉尻をとられて中止をくったことはない」と言っていたが、今回の「中止！」「注意！」の連続は法政大の自由な校風に対する官憲の嫌がらせのようであった。

前月には満州事変が起き、この講演会の一週間前には軍部内閣樹立のクーデター計画が発覚するなど、軍事官僚が跋扈する暗い狂気の時代に入ろうとしていた。

年末になって東京帝大の哲学生本多修郎（1909.6生、哲学者）と山田坂仁（1908.12生、哲学者）とが戸坂を訪ね、週一回ヘーゲルの『自然哲学講義』の講読を依頼した。二人とも三枝博音（1892.5生、哲学者）の「ヘーゲル及び弁証法研究会」のメンバーだったが、三枝がヘーゲル百年忌祭に合わせてこの秋ドイツに出発し、研究会が休止になっていたのである。

その時戸坂は再婚を控えて、なにかと気ぜわしい時期だった。戸坂は甘粕石介の紹介で、夏休みに上京した鹿児島第一高等女学校の教師・小曾戸イク（1904生）と見合いをしていた。甘粕はイクの姉夫妻と親交をもっており、戸坂の母久仁子も「嵐子のためにも学校経験のある人がいい」と賛成していた。戸坂は、二学期を終えて上京したイクを迎え、年末ぎりぎりの一二月二七日、結婚式を挙げた。

年があけて戸坂は玄関脇の六畳の小部屋で煙草をくゆらせながら、『自然哲学講義』を開いて本多修郎と山田坂仁を待った。新妻のイクと姑の久仁子は、この二人の若き哲学徒をきわめて丁重に接待した。

反宗教運動　一九三一年

三木がプロ科を去ったあと唯物弁証法研究会の責任者は、「生粋のマルクス主義者」で「ソヴェート科学研究会」の責任者、川内唯彦が兼務することになった。川内はそのころ、ソビエト哲学の紹介や山川均の共産党自然発生論（創立が早すぎるとして、解党を主張した）批判などに取り組みながら、国際的に広がる無神論運動やソビエトの反宗教運動に強い関心をもっていた。

ロシア革命を成し遂げた社会主義国ソビエトでは逼迫した食糧事情の下で、一九二八年からの第一次五ヵ年計画で農業の集団化を進めていたが、集団化に不満をもつ「富農層」が教会と結んで反対運動を展開したとして、レーニン亡き後の政府がこれを弾圧した。ソビエトの発展を喜ばない資本主義各国はこの弾圧を「宗教迫害」として非難し、翌二九年一一月にはイギリスで反ソビエト宗教運動が始まり、ローマ法王も宗教十字軍の盟主となるなど反ソビエト宗教運動が資本主義各国に広がっていった。こうした動きにたいして、ソビエトの戦闘的無神論者同盟を中心とした国際プロレタリア無神論者同盟は、三〇年一一月、日本をふくむ東洋諸国での反宗教闘争の組織結成を呼びかけた。

川内は反宗教運動を日本でも展開しようとプロ科の中で動き出した。一九三一年の春先から、全国的な反宗教団体の結成をめざして組織計画懇談会を開き、戸坂が上京した四月には、プロ科の唯物弁証法研究会のメンバーである秋沢修二（1910.9生、哲学者）、永田広志（1904.4生、哲学者）、三枝博音、服部之総らを中心に「反宗教闘争同盟準備会」を作り、綱領・規約・運動方針案を発表した。六月には準備会機関誌『反宗教闘争』を創刊し、翌七月には論文集『反宗教闘争の旗の下に』（共生閣刊）を刊行した。ここには川内が『中央公論』（一九三一年六月、第四六巻六号）に書いた「反宗教闘争の現段階的意義」が再録されたほか、岡邦雄（筆名・林謙吉、1890.1.15生、科学史家）「自然科学と宗教」、三枝博音（筆名・大塩健）「カトリック教批判」など一七名の論文が収録された。三枝も岡もともに真宗寺院の出身者、服部は郷里島根の門徒の寄付で大学を出るなどいずれも宗教との強い関係があり、三枝は哲学で、岡は自然科学で、服部は歴史の分野でそれぞれ活躍していた。

機関誌『反宗教闘争』と論文集『反宗教闘争の旗の下に』の反響は、川内が面食らうほど大きく、反宗教闘争同盟準備会は八月からひと夏をかけて全国行脚[9]を続け、打ち上げを兼ねて上野の自治会館で「反宗教大演説会」を開いた。満州事変の直前のことで戦争の危機が迫っていただけに、会場は超満員で外にあふれるほどの盛況となった。大宅壮一（1900.9生、評論家）も演壇に立ったが、演説会には警官が列をなして警備したため、演説会終了後聴衆は検挙を避けるため、みな手を組んで会場をあとにした。

そして満州事変二日後の九月二〇日、準備会は岡邦雄も呼びかけ人に加えて、築地小劇場で創立大会を開いたが、開会宣言と同時に解散命令を受けた。ベルリンの国際プロレタリア自由思想家連盟とソヴェート戦闘的無神論者同盟からメッセージを受けたというのが理由であった。そのために同夜、中心メンバーだけが三枝博音の家に集まって、反宗教闘争同盟を「日本戦闘的無神論者同盟」（戦無）と改称して正式に結成し、国際プロレタリア無神論者同盟の日本支部とすることになり、一一月にはコップ（日本プロレタリア文化連盟[10]）に加盟した。その冬、小椋広勝（1902.11生、経済学者）から「戦無」の中に党のフラクション（党員組織）を作る話があり、秋沢修二は地下活動に入った。

「戦無」は最大の課題を「国家と宗教、宗教と教育の完全なる分離」つまり天皇制、国家神道に対する闘いに置いたことから、活動ははじめから半非合法の下で行われた。一一月のロシア革命を記念するピクニックでは二〇名が検挙され、機関誌『反宗教闘争』を新聞形式に替えて翌三二年二月から発行した月刊『われらの世界』もことごとく発禁処分を受け、第二回大会さえ秘密裏に行わなければならなかった。「戦無」は結成してすぐ「すってんてんにみんなやられてしまい」、ほどなく三枝も岡も「戦無」との関係が途切れた。

こうしてプロ科の唯物弁証法研究会のメンバーの多くが半非合法の反宗教闘争という実践に関わったため検挙者が続き、研究活動が疎かになって開店休業状態となった。

しかし川内としては唯物論の研究という伝統だけはなくしたくなかった。レーニンによって弁証法的唯物論が深められ、「哲学のレーニン的段階」が「マルクス・レーニン主義の哲学」と呼ばれるようになった今こそ、その研究をどう維持発展させていくかが川内の懸念でもあり問題意識でもあった。

……この際、これまでの唯物弁証法研究会のような「カラ」、プロ科のような枠を破り、四、五人で細々研究するのではなくもっと広く会員を募って、しかも「合法的に」唯物論の研究をやってはどうか。政治運動とは一切の関わりなしに、純理論的に研究活動を進める研究団体の組織……。これが、あれこれ考えた末の川内の結論であった。

岡と三枝と　一九三二年

川内唯彦が秋沢修二や永田広志などにその構想を直接話したのは、一九三二年の正月も終わる頃である。秋沢も永田も「ああ、そうだな」と支持し、相談の結果、「日本戦闘的無神論者同盟」の発起人に加わった岡邦雄と、ヘーゲル百年忌祭でソヴェートとドイツを訪問している三枝博音が帰国したら、この二人を中心にあらたな研究会を組織してもらおうということになった。二人への連絡は、腸結核のため非合法活動から遠ざかっていた永田が担当することになった。川内や秋沢らが中心に座ろうとしなかったのは、非合法活動を続けていたからで、現職の学校教師で社会経験の豊富な岡と三枝の方が、合法的な研究会の組織化にはなにかと好都合だろうと思われたからだ。

岡邦雄は貧窮のために苦学し、東京物理学校を七年かけて卒業し、八王子や水戸の中学教師を転々としていたが、恩師の紹介で二四年から一高の実験担当助教授、翌年からは文化学院教授を兼任し、自然科学論や科学史の講義と研究を続けていた。

岡は三・一五事件、四・一六事件などの弾圧が続くなか、労働者たちの不屈のたたかいに教えられ、ブハーリンの『唯物史観』などの社会科学の本を手に取り、唯物論的な科学論の勉強を開始していた。ドイツ西南学派（新カント派のひとつ）やマッハ主義のような従来の観念的方法では明快な考察ができず、自然科学の認識問題でも歴史の問題でも唯物論的立場から再検討する必要を感じていた。その頃プロ科が結成され、自然科学部も設けられたがあまり目立たず、岡自身はプロ科には加わらなかった。

しかし反宗教闘争に関わったため、一九三一年秋「思想上の品行方正」が問題とされて一高を「依願退職」の形で辞めさせられ、さらにそのあと一ヵ月ほど築地署に拘留される経験をもっていた。

三枝博音も苦労人であった。中学卒業後五年ものあいだ実家の寺の仕事を手伝ったため、東京帝大哲学科を卒業したのは一九二二年、三〇歳の時であった。その後私立大学の講師や教授を務めながら、フッサールやディルタイの研究を進めていたが、二〇年代後半インテリゲンチャの間に澎湃として起こったマルクス主義の波を受けて、ヘーゲル弁証法の研究を開始し、自宅の表札脇に「ヘーゲル及び弁証法研究会」の木札を出して研究会を主宰し、かつ同名の個人研究誌を発行した。ヘーゲル百年忌祭のあった三一年秋から三二年の春にかけてソビエトとドイツに留学し、ドイツではウィットフォーゲルを代表者とする社会学会に刺激を受けて、これまでの哲学を唯物論の立場から全面的に検討する必要を感じて、この三月末に帰国したばかりであった。

川内唯彦は、岡と帰国した三枝とをそれぞれ個別に訪ね、唯物論の合法的研究会立ち上げの着想を話した。川内は、自分の構想を説明したあと、具体的な組織化についてはタッチしないこと、そして唯物論の立場に立つ自然科学関係の人を多数集めることだけは、彼の希望として岡と三枝に伝えた。川内の頭には、レーニンが『戦闘的唯物論の意義について』(『レーニン全集』第三三巻、所収)で言っている「自然科学者との同盟」という言葉が印象深く残っていた。

五月になって、「唯物論者の会を合法的につくろうじゃないか」と三枝が岡を訪ねてきた。川内から話を聞いていた二人の思いはほぼ同じで、相談はすぐにまとまった。満州事変後、非合理的な風潮が蔓延して自由な思想と研究が圧迫されるなか、合法的な民間研究団体を組織するうえで研究範囲は哲学と自然科学などに限定せざるをえないが、あくまで後ろ暗いところなく公然・合法的にやることなどであった。そのうえで岡は、戸坂に打診することを提案した。岡は川内から この話があったときから戸坂を入れようと思っていたので、三枝にまったく異論がないことに安堵した。

岡は三年前、戸坂潤の名を『科学方法論』ではじめて知った。その本は「空疎な興奮でもなく、平板な執務でもなくして、生活は一つの計画ある営みである」という刺激的な文句で始まっていた。岡は新カント派の科学論にはみることのできない新鮮さを感じて、駅をひとつ乗り過ごすほど熱中して読みふけった。その整然とした論理、その体系、そして文体の美しさに驚くとともに、思索する喜びも教えられた「驚くべき書」であった。岡は戸坂の次の仕事に期待をふくらませ、自然科学の専門誌『東洋学芸雑誌』の編集者に、「雑誌の視野を広げるためにも、戸坂からぜひ原稿をもらえ」と勧めたほどであった。

その翌三〇年、その『東洋学芸雑誌』（第四六巻第一号）に、戸坂筆「科学の歴史的社会的制約」が発表された。岡はさっそく第二号に「戸坂潤氏の教へを乞ふ」を投稿し、「驚くべき書」『科学方法論』に触れつつ、この戸坂論文への質問と好意ある批判とを書いた。すると戸坂は第三号に、質問に対する回答とあわせて岡への反批判「再び『科学の歴史的社会的制約』に就いて――岡邦雄氏に答える」を書くという形で、二人の学術的交流がはじまった。

それから一年後、戸坂が上京して法政大に着任したあと、樺俊雄の肝煎りで始まった新しい雑誌『アンシクロペディスト』の企画会議で、岡は戸坂とはじめて挨拶をかわした。

戸坂の印象は、岡のイメージとまるで違っていた。『科学方法論』などから受けた戸坂の印象は、生活に一分の隙もなく、青白く、痩せた青年学徒というものであったが、実際の戸坂はよく太っているし、政治家肌で線が太く、じつに頼もしい男に見えた。「学問研究が分科的に分散してなんらの『総合』を見ない状況のもとで、それを総合化する方向で開拓していくのは、百科全書たるべき唯物論者の役割である」という戸坂の主張は、まったくその通りで、岡は企画会議での戸坂の熱意と姿勢に大きな魅力を感じた。

この雑誌企画は引き受ける出版社が見つからず、結局立ち消えになったが、その戸坂が新研究会の組織化と運動に加われば、どんなに心強いか……。岡の正直な思いであった。

創立呼びかけ　一九三二年春～

岡邦雄はさっそく戸坂を、阿佐ヶ谷に訪ねた。岡は戸坂の一〇歳年長であったが、戸坂に当たって断られたら止めよう、賛成してくれたらやろうと、心に決めての訪問だった。ちょうど昼時で、戸坂の母久仁子が出してくれた立派な椀の吸い物付きの昼食をとりながら、岡は、『アンシクロペディスト』の頓挫は残念だが、もう少し組織的な活動ができる研究会が是非必要であるから、なんとかして組織化したい、力を貸してもらえないかと言って、そのいきさつを話した。

この二月、マルクス主義の理論活動をつづけていたプロ科がほとんど壊滅状態になった。三月には犬養内閣によるコップ（日本プロレタリア文化連盟）など文化活動家の検挙が始まり、もはや文化運動は不可能な状態になった。そんな折りプロ科のメンバーで「戦無」の川内唯彦がやって来て、新たな発想で唯物論の研究会を合法的に作ってみてはどうか、と言った。非合法活動をやっていた川内は、弾圧による組織壊滅から唯物論者たちの離散を防げないかと考えていたらしい。自分も戦無の一員だったからその意味をすぐ了解して、さっそくドイツから帰ってきたばかりの三枝博音氏に相談し、戸坂さんの力を借りることにした、と岡は言った。

戸坂は岡の提案に心動かされた。戸坂がこれまで関係したプロ科やプラトン・アリストテレス協会の活動、そして『アンシクロペディスト』の企画などの理想が、岡の新提案で遂行できるように思えた。「この文化運動こそ自分が全力を傾倒するに値する」、そう確信して戸坂は心から賛成する旨を伝えた。

しかしその後数日して岡が再び戸坂を訪問し、あの計画は一時中止にしようと言った。その理由は、友人たちの意見を聞いたが機運尚早で充分熟していないということだった。戸坂は、岡がそういう消極意見に躊躇しているのであれば、敢えて反対してまで独りで計画を進める自信はなく、「やむを得ないね」と同意しておいた。ところがまもなく岡の三度目の訪問があり、矢張りあの計画は遂行しよう、友人たちもその気になったという話なので、戸坂は計画を進めることを決心した。

戸坂は知るよしもなかったが、プロ科の永田広志や中山耕太郎（本名・岩村三千夫、1908.6

生、中国研究家）らが日本共産党中央に上申書を提出し、その返事を待つ時間が必要だったらしい。山田盛太郎や平野義太郎も名を連ねた上申書は、プロ科の研究活動が漸次不十分になったこと、弾圧を受けて組織が弱体化したがその逆襲が必要であること、唯物論研究の同伴者的科学者を組織する必要があることなどを、その背景として説明していた。

陸海軍青年将校らが犬養首相を射殺した五・一五事件の一週間ばかりあと、岡、三枝、戸坂の三人が荻窪の岡の家に集まった。この最初の会合では、「プロ科と研究テーマが重複するのではないか」とか「プロ科が壊滅したあとの代行組織と疑われないか」との懸念もあったが、プロ科とは組織が違い、たとえ研究テーマに共通項があってもそれは部分的に過ぎないからそう心配に及ぶまいという結論になり、研究対象や研究態度、入会資格などを話し合った。

研究対象では、唯物論の発達史、諸科学特に自然科学と唯物論との連絡、ブルジョア諸科学の批判、特にファシズム文化批判、マルクス主義哲学の展開、特にレーニン的段階に於けるマルクス主義哲学などが上げられ、研究態度では、会員相互の学術的自己訓練、科学者・研究者・専門家の研究上の便宜提供、一般大衆への啓蒙、また会員各自の独特な研究の発表を主眼にしてテーマを課された研究を副とすることにし、入会資格については、誰でも入れるプロ科のような団体ではなく何らかの専門家であることに落ち着いた。

とりあえず創立呼びかけの打ち合わせ会を開くことにして、戸坂が本多謙三（1898.11生、哲学者）に、三枝が永田、服部に働きかけることになり、できればその打ち合わせを六月五日、神田のホトトギスで持つことにした。予定された「創立呼掛け人」は、岡一人を除けばいずれもプロ科のメンバーであった。

梅雨に入った頃、岡は旧知の古在由重を訪ねた。岡はある学生グループの「哲学研究会」のために、研究会場として荻窪の自宅を提供していたが、古在がなんどかその研究会のチューターとしてやって来て、マルクスの歴史哲学や史観を講義していた。岡は唯物論の合法的研究会を始めたい、戸坂、三枝の三人で結成の意志を固めたので創立者の一人になって欲しい、できれば幅の広い文化戦線上の統一的な理論研究会にしたい、と言った。

古在は大きな力を注いで講義してきた東京女子大を、この三月いっぱいで辞めていた。学内での啓蒙活動は控えていたが、担当クラスから検挙される学生が出て、学校当局が古在の担当講座を廃止したのが起因となった。そのために以前より少しは時間があり研究会結成の意味も理解できたが、結局古在は断ることにした。共産党幹部の岩田義道（1898.4生、一九三二年一一月三日拷問死）からは「哲学というものは非常に大事なものだ。どんな別のことをしていても、君はあくまで哲学を捨ててはいけない」と言われてはいたが、気持ちとしては哲学や唯物論の研究よりも、『赤旗』に国際資料の翻訳を提供し続けたいし、現下の中心問題、中国への侵略戦争阻止の具体的行動を優先させたいとの思いが強かったのである。

結局「創立呼掛け人」は予定の六人となり、第一回の相談会では、永田広志からは「プロ科の中には新組織に反対意見もあるが……」という発言もあったが、岡、三枝、戸坂の三人で検討してきた研究対象や研究態度、入会資格などとあわせて、あらたに規約の大綱や組織の精神と原則も話し合われた。意見交換のうえ六人が一致したのは、新組織創立はプロ科のような組織からは独立した計画で、プロ科とちがって政治主義的偏向から開放された研究団体であり、規約にもそのことを明確にして合法性を厳守すべきだという点であった。また会の名称については、岡がソビエトの唯物論者協会にならって唯物論者協会、戸坂が科学者協会を提案した。当たりがやわらかくて包括的だからと、最初は戸坂の「科学者協会」案が有力だったが、議論が進むにつれて大勢は、唯物論者だけを集めるのではなく唯物論に関心を持つ研究者を広く集めること、そのためには研究の内容も判然としておいた方が間違いないということになって、「唯物論研究会」という名称に落ち着いた。

それからしばらくして岡は川内唯彦を訪ねた。新組織が、川内が描いていた「唯物論者の団体」という構想とやや異なる形になり、説明しておく必要があった。岡は川内に「いやあ、唯物論者ってやると、多くを組織するうえにやはり難点があるから、唯物論研究というような研究者の団体にしたよ」と言った。川内の反応は「ああ、それじゃ、それでいいでしょう」とあっさりしたものだった。

準備　一九三二年夏

それから夏にかけて、六人全員そろうことはあまりなかったが、準備会合を一〇回ほどかさね、八月半ばになって、岡邦雄の勤務先・文化学院の職員室や三枝博音が関係する中山研究所を足場に準備が本格化した。

準備会では、戸坂が書いた趣意書や発起人勧誘の文案、総会での役員選考、会報や機関誌・論文集の発行、事務所問題などが検討され、進歩的で有力な人に発起人を依頼することも決め、その人選なども話し合った。その結果、自由主義者で著名な評論家・ジャーナリスト長谷川如是閑や数学者の小倉金之助（1885.3生）、寄生虫研究で名高い小泉丹（1882.11生）などは了解してくれたが、東京帝大哲学科教授の桑木厳翼（1874.6生）は「私などは……、唯物論者にはなりえない」と断ってきた。しかし非合理的な風潮への良心の抵抗と合理的な立場を確保して主張をしたいという知識人の思いは強く、八月末には発起人の承諾者は四〇人近くになった。京都からは同志社大教授の住谷悦治（1895.12生、経済学者、戦後同志社大総長）が発起人を引き受けたが、戸坂は梯明秀、船山信一、坂田吉雄らに哲学の分野からも発起人を出すように声をかけた。その結果、『ヘーゲル全集』（岩波書店刊）の「精神哲学」の訳者となっていた船山のほうが梯、坂田よりネームバリューがあるからと船山が発起人となった。

三枝博音のすすめで学生の平井昌夫（筆名・頼阿佐夫、1908.11生、戦後東京学芸大教授）が、岡邦雄の手伝いのために、日曜日の朝寝をガマンして文化学院の一室に通った。文化学院ならあでやかな女性たちに出会えるのではないかと期待したが、日曜日のためかそれは淡い夢と消えた。ただ岡や戸坂たちに会う楽しみがあり、それが文化学院通いの大きな魅力になった。

はじめて会った岡邦雄は、人の好さ、苦労人の深みを身体全体からにじませて、まるで父親のように接してくれた。人気《ひとけ》のない学園の二階の一室で、岡が趣意書や参加勧誘の案内状、会議通知をガリ版の原紙に切り、平井が謄写版のローラーを押して印刷した。平井は字が下手だからと言ってはガリ切りを岡にまかせ、印刷がうまく行かないと言っては岡の手を煩わせたが、岡はにこやかに笑って平井の注文に応えた。時々会う戸坂、服部之総、永田広志、本多謙三にも好印象をもった。この人たちがやる研究会はきっとうまく行く、そう確信を深める日々が続いた。

並行して事務所探しも始まった。

郊外盛り場と呼ばれた新宿駅が蒸し暑い西陽にさらされている午後、四〇歳ぐらいの太った男が新聞紙に目を落として佇んでいた。秋に入ろうというのによれよれの夏服に、土釜のような冬帽子をかぶっている。まもなく乗降口の人混みから、これまた身なりかまわぬ小柄な男が、毒を含んだように膨れあがったカバンを小脇にかかえて、その太った男に近づいて行った。「済まなんだ。だいぶ待ったかい」と言う声に、太った男は待ったことを意に介さないように歩き出した。

いくたびかこんな光景が、新宿駅頭でくり返された。二人は事務所探しに駆け回る「太った男」岡邦雄と「小柄な男」三枝博音である。二人がようやく探し当てたのは、新宿のなんとか荘という怪しげな六畳の日本間であった。しかし仮契約を済ませて手付け金を支払う日になって、三枝が「あれはもう止めよう」と言い出した。戸坂が「せっかく決めたのに」と残念がると、三枝が「東京の一等地に東北ビルという安いビルがある」と言った。

たしかに東北ビルは東京の一等地・内幸町（麹町区内幸町一―三）にあった。広いアスファルト舗装の道沿い（現国会通り）を挟んで北側の日比谷公園内には、堂々とした市政会館があり、近くには帝国ホテルや三信ビルなどの大きなビルもあった。しかし東北ビルは、それらの大きなビルに挟まれた木造三階建ての「赤いおんぼろビル」で、路地に沿うようにたつ細長い建物だった。三円四円と会費の前払いを集めて、月一八円の家賃で借りたのは、その「おんぼろビル」二階の六畳間で、電話はなく、お茶テーブル一卓きり、しかもあまり陽のささない陰気で薄暗い穴倉のような部屋であった。

三枝は事務所が決まると、裏面に住所と名称、郵便振替番号を記したハトロン紙の封筒やゴム印を用意して本格的な準備を開始した。三枝はもともと小まめに動く方だが、睡眠不足になるほど金の工面と人集めに動き回り、人生で最も忙しい時期となった。湯飲み茶碗を買って来て事務所に戻ればそれをごしごし洗い、それが一段落すると事務所表札を達筆な文字で仕上げるという具合だった。だができあがった表札は、寝不足と疲れのためか「唯物論研究会事務所」とすべきところが、「唯物論研究所事務所」となっていた。戸坂は「山のように仕事がある三枝君の名誉ある誤植を記念するため、そのまま掲げよう」と言って、しばらくはその「誤植」の表札が事務所の入り口を飾った。

機関誌を引き受ける出版社探しも進めた。春陽堂、三一書房、刀江書院など一旦は話にのったが、結局思わしい返事は得られず、ようやく九月半ばになって木星社書院の福田久道が応じ、契約を交わすことができた。機関誌名は『唯物論』、発行所木星社書院、発行者福田久道、編集は唯研代表者、そして月刊という内容であった。しかし九月下旬になって、共生閣という出版社が『唯物論』（創刊号は五五頁、二五銭）を発行したため[11]、誌名を『唯物論研究』に変更することとなった。戸坂はのちに「結果から云へばこの方が、唯物論の研究を目的とする研究会の性質をより正確に語つてゐるわけで」、「怪我の功名とも云つてい丶だらう」と回想した。

　会員勧誘も始まった。

　三枝が主宰する「ヘーゲル及び弁証法研究会」には、森宏一（本名・杉原圭三、1901.8生、唯物論哲学者）、三木清の弟・繁（1908.7生、のち高校教師）、山田坂仁、本多修郎、平井昌夫、鳥井博郎（1911.2生、当時東大生、思想史家）などいつも五、六人の哲学青年が参加していた。三枝は長髪を振り乱してザックバランな講義を週に一度続けていたが、ある夏の研究会の席で「こんど新しい会ができるから、きみたちにも入ってもらおうじゃないか」と声をかけ、「ヘーゲル及び弁証法研究会」を発展解消して全員で参加することになった。

　戸坂も多くの知人・友人に入会を勧めた。一人息子を一年前に亡くしたあと疎遠になっていた光成秀子にも声を掛けた。京都時代に親交のあった梯明秀、樺俊雄、甘粕石介はもちろんだが、坂田吉雄には「本気になれ」と言って参加してもらった。戸坂を敬愛していた真下信一もまた「非常にいいものが出来た」と思い入会した。開成中と一高の同窓生内田昇三も戸坂の勧誘に応じた。そのとき戸坂は会の性格を、唯物論に親しみをもつ人すべてを包容したいという思いから、「自由党を含めて」という言葉を使った。内田は、長谷川如是閑はその一人かも知れないが俺は唯物論者として入会するんだ、と自負をもって参加した。

戸坂は、大谷大学を卒業したあと郷里の佐渡に帰っていた本間唯一に、創立趣意書と入会勧誘状を送った。しかし本間は「唯研」という研究会にあまり強い魅力を感じなかった。本間は「書斎から現実へ」という当時の強い風潮もあり、学生的な思弁の生活から抜け出したいと考え、実家善宗寺の仕事を手伝いながら、現実と関わることの多いセツルメント活動を若手僧侶や社会大衆党系の人びとと続けていた。東京にいる姉も無産者託児所で保母として活動し、弟もまた東京帝大セツルメントで活動していた。

佐渡という田舎から見ると、唯研は「学者」「先生」たちの寄合所のようで、そこで研究されるテーマも現実からは相当距離があるだろうと思えたし、農民相手に「唯研」を考えるのは野暮なことにも思えた。戸坂には率直にその気持ちを手紙で伝えた。

発足　一九三二年秋

九月二五日、日比谷の美松の隣、三信ビル内の東洋軒で発起人会が開かれた。発起人には四〇名が応じていたが、当日の出席は在京の発起人を中心に二二名であった。

石原辰郎（1904.12 生、自然科学者・編集者）が戸坂にはじめて会ったのは、この発起人会の時であった。石原は旧制姫路高校で二年間生物学講師を務めたあと上京し、東京帝大の理学部同期の友人石井友幸（1903.12生、生物学者）に「お前もいっしょに来い」と言われてついていって、そのまま発起人に名を連ねてしまい、そのあとに東北ビルを訪ねて入会申し込みをするという珍芸をやってのけた自称「間抜け野郎」である。しかし戸坂という男の印象は強烈だった。「私が戸坂潤です」と言った時の悠揚せまらぬ態度と、柔らかくてしっかりした声に、論壇の雄としての自信と貫禄があふれていた。

発起人会では自己紹介があった。小泉丹が「皆は私をコイズミ・タンと言ひますが、本当はコイズミ・マコトであります」と言った。小泉はその日の議長に推されたがどうしても受けず、少し遅れてきた長谷川如是閑が「やあ、どうも、おそくなりまして……」と着席して何事かささやかれると、「ああ、そうですか、ああ、ああ」と簡単にその日の議長を引き受けた。

ようやく議長席に長谷川が着き、岡邦雄が経過報告、三枝博音が規約草案を提起、機関誌については服部之総が、財政と事務所については本多謙三が、研究活動については戸坂が説明した。議論になったのは、規約第一条「現実的な諸課題より遊離することなく」であった。……現実的課題を取り上げないのでは唯物論ではなくなる、政治問題や経済問題を全く扱わないのでは象牙の塔のような研究になりはしないか、いや政治・経済問題を取り上げては弾圧の関係が出てくる、それはおもしろからずだ、だから「遊離することなく」という表現が最適ではないのか……。議論は次第にまとまっていった。

会の名称についても多少の議論はあったが、規約第一条同様、原案通り「唯物論研究会」とすることに決定し、総会までの暫定委員一〇名、機関誌部員、財政部員、総会準備委員などを決めて散会した。

一〇月五日、『東京朝日新聞』が「唯物論研究會生る」との小さい記事を出した。「近代思想の根底を築いてゐる怪物／唯物論はその専門の学者にもなかなか握し難いと見えて評論家長谷川如是閑氏を始めとして商大教授大塚金之助、理学博士小倉金之助、社会学者戸坂潤、ダアウィンの研究者小泉丹の諸氏が中心となり各大学の社会科学、自然科学者を網羅して唯物論研究会が生まれる、既に事務所は麹町区内幸町の東北ビル内に設けられ六日学士会館で委員会を開き会の綱領細目の決定を見るはずだが学会注視の的になつてゐる」。

『東京朝日新聞』が報じたように、翌六日学士会館で狩野亨吉（1865.9生、哲学者・思想家）と桑木厳翼を招いて「第一回談話会」が開かれた。この日は長谷川のほか暫定委員六人（岡、戸坂、三枝、本多、斎藤晌、内田昇三）が集まり、規約などの細目も話題にはなったが、この日のメインは機関誌『唯物論研究』創刊号に収録する「狩野博士に訊く」であった。

その収録が終わっての帰り道、狩野と桑木がどちらからともなく、「どうです、この研究会は」と言うと「いや、結構ですな」と相手が返事したが、二人は異口同音に「だが長続きは危ないもんですな」と、時節柄その将来を危ぶんだ。

その翌七日、『読売新聞』も「噂の噂」欄で、「唯物論研究会　近く成立」と報じた。「同会は広く自然科学方面に於ける唯物論的研究を主旨とするもので機関誌『唯物論研究』の発行、講演

唯物論研究会規約

『唯物論研究』一九三八年一月、第六三号より

第一　現実的な諸課題より遊離することなく、自然科学、社会科学及び哲学における唯物論を研究し、且つ啓蒙に資するを目的とす。

第二　本会はこの目的を達する為に左の事業を行ふ。

一　研究　イ　各部研究会　ロ　綜合研究会　ハ　研究年会

二　啓蒙　公開研究会　談話会　講習会　講演会　講師派遣　其他

三　出版　イ　機関誌（月一回）　ロ　ニュース（月二回）　ハ　単行本及びパンフレット其の他

第三　本会は左の機関を設く。

一　総会　最高機関、年一回開催す。

二　幹事会　総会選出の幹事若干名によつて構成さる、執行機関。幹事会は幹事長を選出し、幹事長は総会及び幹事会を召集す。幹事の任期を一年とす。

三　評議員会　総会によつて選出さるゝ、幹事会の諮問機関。

四　事務局　幹事中より若干名の常任幹事を選び事務局を構成す。常任幹事中の一名を事務長とす。事務局は幹事会委託事務の恒常的執行機関。

五　幹事会所属機関

A　庶務部　B　研究組織部　C　機関誌編輯部　D　資料部　E　企画部　F　財政部

G　出版部　H　代理部

六　編輯委員会　幹事会の選定による委員より構成せられ、機関誌及び出版物の編輯に当る。

第四　会員の資格及び義務

唯物論の研究に貢献し得るものにして会員二名の推薦若くは論文、著書の銓衡により幹事会の承認を経たるものとす。会員は本会の事業に参加する義務あり。会費毎月五十銭を納入し、機関誌（及びニユース）の配布を受く。

第五　支部　研究の便宜上地方に支部を設くる事を得。

第六　本会の費用は会費、維持費、寄附其他の収入を以て之に充つ。

附則

一　規約に反したるものは幹事会の決議により除名す。

二　緊急討議を要する場合、もしくは会員総数の五分の一以上の要求ある場合には、臨時総会を召集す。

三　維持費一口（毎月金一円）以上を負担するものを維持員とす。維持員は機関誌の配布を受け、本会の出版物の割引を受くるものとす。

四　直接購読者及び特別購読者の制を設く。直接購読者は毎月誌代を、特別購読者は毎月金一円を負担して、雑誌の直接配布を受くるものとす。

五　維持員・特別購読者・直接購読者にして、特に事務局の紹介あるものは、臨時に研究会に出席することを得。

注）下線は創立総会以降改訂加筆。二重下線は同改訂削除。

会開催等が目論まれてゐる」。

一〇月二三日、厚い雲におおわれた陰鬱な日の午後、京橋区銀座にあった建築会館の二階ホールに五一名が集まって創立大会が開かれた。

しかし開会時間になっても、議長に予定されていた長谷川如是閑が顔を出さない。やむを得ず服部之総が代理を務めて開会したが、半時ほどたってようやく長谷川が現われた。服部は議長引き継ぎの弁で、「代理議長はなはだ不得手でありましたが、顎のながい点では、十分代理をつとめたことになったかもしれません」と参加者を笑わせた。当局の監視を懸念して緊張の続く会場が一瞬和らいだ。

創立大会では、若い出席者が多いせいか、発言がさかんだった。まず、プロ科と唯研との関係について質問が出て、三枝は「関係はまったくありません」と答えた。やりとりが交わされたのは、羽仁五郎の質問だった。羽仁は「準備会の当時、哲学や歴史などの研究会グループがいくつかあったはずだ。ヘーゲル（及び弁証法）研究会のようにグループ全員が入会したものもあれば、なんらの勧誘も受けなかったグループもある。どういう理由からか」と質問した。戸坂と服部が「準備委員そのものが個人的、自然発生的な狭いもので、グループを網羅的に把握できず勧誘が任意的になった。たんなる事務的な手落ちで、願わくば入会勧誘の労をとって欲しい」と答えた。納得できぬふうの羽仁は「戸坂、三枝、岡氏ら二、三の私的なサークルに成らぬように要望する」と言い、続けて羽仁は「規約案では、研究組織部と機関誌部との関係が曖昧でルーズではないか」と意見を出した。規約案は、会の目的を定めた「第一」、研究・啓蒙・出版の三事業を掲げた「第二」、研究組織部、機関誌部、編輯委員会など幹事会所属機関を定めた「第三」、そして会員の資格と義務を定めた「第四」など、六項目と付則からなっていた。

戸坂は羽仁の質問に「我々はプロ科などの団体と違って、中央集権的な統制ではなく、会員の自由な研究とイニシアチブを尊重する民主的な組織をめざしている。機関誌には研究組織部の研究テーマのほかに、会員の個人的業績の発表も重視しているので、研究組織部と機関誌部との連絡ではフレキシビリチーを持たせている。欠陥と言うより、会の特色と考えて欲しい」と答えた。

今野武雄（1907.3生、数学者）も同じような立場から発言し、戸坂は彼らとの間にある意見の違いを知ったが、いくつかの質疑応答のあと規約などを含めて原案通り確認された。その後、哲学、自然科学、社会科学の三部門に別れて、それぞれの研究会の開催方針を議論し、それらの報告を持ち寄って総合的な研究方針を決定した。

ともかくも唯物論研究会は、会員一一六名、会費五〇銭、維持費一口一円を確認し、初代幹事長に長谷川如是閑、事務長に岡邦雄そして戸坂ら幹事計一七名[12]を選出して、正式に発足した。参加した多くは哲学者と自然科学者であったが、戦前の暗黒時代に抵抗する「反戦・反ファシズムの精神的よりどころ」、幅広い文化上の統一戦線組織、六年間もつづく世界に例のない民間研究組織として「唯物論研究会」がスタートしたのであった。

第3章　唯研の奴ら　一九三二年〜三四年

『唯研』創刊　一九三二年秋

石原辰郎は郷里今治に帰っていて創立大会に出席できなかったが、弁証法的唯物論を一日も早く我がものにしたいと思い、いろいろな疑問・質問をかかえて事務所に頻繁に出入りするようになった。

おんぼろビル二階の狭い事務所には、机は一つしかなかった。椅子を机替わりにして床に膝をつき、機関誌『唯物論研究』創刊号のためだと言って、原稿（「新唯物論の立場」）を書く三枝博音の姿が気の毒に思えた。しかし石原が、「生物の形態と機能との関係をそのまま哲学上の形式と内容に適用しようとする論考があるが、あれは問題有りですね」などと質問すると、戸坂がかたわらの永田広志らと相談するなどして、必ず返答してくれるのが嬉しかった。創立したばかりの当初はみな忙しく、「間抜け野郎」の訪問と質問は大迷惑だろうが、事務所にみなぎる明るい空気が石原を強く引きつけた。

創立大会から一〇日ほど経った一一月二日の夜、創立記念講演会（第一回唯物論講演会）が開かれた。有楽町にある保険協会講堂の控室では、白髪の長谷川如是閑を囲んで戸坂や三枝など大勢の講演者が会場の「入り」を気にしていたが、会場は五百人ほどでギッシリ満員となり、係員が入場できない人たちにしきりにお詫びするほどの盛況であった。

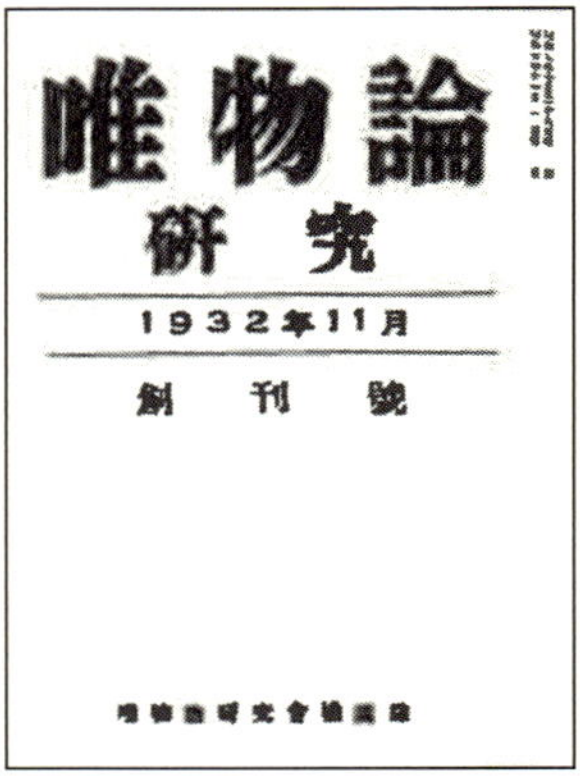

『唯物論研究』創刊号

講演会は本多謙三の司会で始まった。長谷川の挨拶のあと九人の専門家が[1]、啓蒙的な話を一回の休憩をはさんで入れ替わり立ち替わり次々に行った。戸坂にとっても晴れの舞台で、そのためか少しあがり気味にしきりにワイシャツの袖を引っ張りながら、「思想的範疇論」を二〇分ほど話した。戸坂は範疇の共軛《きょうやく》[2]性の必要を説いたうえ、それを欠くファッショ哲学を「バラバラ論理学」だと批判した。晴れの舞台に上気し「あがった」のは、最後に登壇した岡邦雄も同じだった。テーマは「科学と宗教との対立の現在」だが、岡は「神がその姿に似せて人間を作ったのではなく、人間がその姿に似せて神を作ったのだ」と言おうとしてうまく言えず、四回も言い直して会場は大きな笑いに包まれた。

集会は創立記念集会らしく初々しい印象に包まれておおむね好評で、唯物論研究会の役割が広く認められた初発の講演会となった。

記念講演会から数日して、『唯物論研究』創刊号が出た。Ａ５判一四〇頁、奥付には第一巻第一号、四拾五銭とあった。表紙には黒インクで「唯物論研究」とあり「創刊號」の文字だけが朱に染められ、裏表紙には会員の高木弘（本名・大島義夫、1905.8生、著述業）の協力によってエスペラントの目次がついた。「こうしておけば、日本語の読めない外国人も、どんなテーマの論文が載っているかぐらいはわかるだろう」と言って編集長の三枝は、いくつかの海外の学会に『唯物論研究』の何冊かを送った。

創刊の辞「唯物論研究會の創立について」は長谷川如是閑が書いた。「わが国に於て唯物論が多大の関心をもたれたことは前後二度である。前は明治の初期であつたが、後は即ち現在である。而してそれが共に歴史の転換期に入つた時であるといふのは決して偶然の事実ではない。それは、学問的関心が必然に社会的関心と相応ずるものであり、観念は実践に規定されるものであることを示してゐるのである」。各部門の専門家は歴史の動向に応ずる準備を持つ責任を知っているが、いまその準備に必須の機関が欠けており、その欠陥を満たさなければならない。「唯物論研究會はかくして起つたのである。それ故に本會は『唯物論』といふ一つの対象にだけ限定されるものでこれを外にして何の制約も領域もない、無論多くの学会の組織のやゝもすればそこに堕落するやうな閥的、又はギルド的、或は宗派的の、一切の不純の結晶をもたない、純学問的協同の組織であらねばならぬ」。学界各方面の協賛を願うとともに微力な存在ではあるが唯物論研究会は「将来を約束されてゐるのである。その約束がいかに実現されるや或はされざるやは社会の又学界の責任であるが、一層強く本會それ自身の責任である」。

創刊号には責任上、三枝「新唯物論の立場」、戸坂「社会に於ける自然科学の役割」、岡「科学と技術との計画的結合」の論文がそれぞれ寄せられたほか、ひと月前の談話会「狩野博士に訊く」や、学界ニュース、研究ノートなど以後の「定期もの」が掲載され、短期日に仕上げた創刊号にしては満足できるものであった。

もちろん反省すべき点も多々あった。第一、ツカ（束、本の厚み）を出すために厚手の紙が使用され、事務所でも「これじゃ二つ折りにしてポケットに入らんなー」と評判が悪かった。さらに、発行人はともかくも編集名義人までが木星社書院社長の福田久道になっているのは不見識だとの批判も出た。その上、素人ばかりの編集・制作のせいで、誤植がすこぶる多く、目次には頁表記さえ落ちていた。

第二号からは普通紙を使用、編集人も編集実務を手伝っている長谷川一郎に変更したが、誤植だけはなかなか改善せず、創刊号には七十ヵ所、第二号にも五十数ヵ所の正誤表を入れなければならなかった。数号あとのある論文の数式にも誤植があって、論文自体が台無しになることもあった。それでも事務長の岡は小言もいわず、「ああ失敗した。俺が眼を通すべきだった」と独り言のように言って、執筆者のもとにお詫びに出かけた。

研究会スタート　一九三二年秋

一一月二〇日の日曜日、第一回の総合研究会が四〇名の出席のもと建築会館で開催され、研究組織の具体的内容が討議決定された。研究部門は自然科学、社会科学、哲学の三部門に大きく分けられ、その三部門ごとに細分化されたいくつかの研究会を置き、その細分化された研究会の責任者も暫定的だが決定された。自然科学を重視しているためか、自然科学部門は、物理学関係（責任者・早川康弌）、生物学関係（同・石井友幸）、自然弁証法関係（同・戸坂潤）、自然科学一般研究会（同・上記三人のうちの一人）の四つに分けられた。

その一週間後の二七日、哲学と社会科学部門の合同研究会が学士会館で開かれ、各研究会の責任者を決め、当分の間はこの二部門を合同して研究会を開いていくことになった。各研究会名とその責任者は、史的唯物論・服部之総、歴史・羽仁五郎、イデオロギー論・清水幾太郎、経済学批判・杉本榮一、唯物論史・斎藤晌、現代哲学批判・本多謙三となった。

石原辰郎は場違いのように思えたが、研究組織部の最後の準備会と聞いてこの日の合同研究会に参加した。しかしすぐれた先輩科学者と哲学者の話を直接聞けるのは、思いのほか面白く刺激的であった。石原は日曜日ごとに開かれる研究会には雨でも雪でも必ず通おうと決意した。

自然科学一般研究会の初会合は一二月四日、一九名が参加して如水会館で開かれた。当日は、新量子論を早川康弌（1911生、数学者）が、生命論を石井友幸が、自然哲学と自然弁証法を戸坂が報告することになっていたが、早川は来ず、石井も準備不足で報告を辞退した。直前での辞退は尋常ではないが、石井は臆面もなく石原に向って「おめえがあれをやれよ」と言った。数日前、二人で討論していた「メンデリズムの一批判」をやれというのだ。

そんなわけで最初の研究会の、しかもトップバッターを石原は務めたが、話し終えるとすぐ、「失礼ですが、忌憚なく言へば、貴方の主張は多分にマッハ主義的であると思います」と今野武雄から批判された。石原は代理報告へのきつい批判に驚き大いにくさったが、次に戸坂の話が始まると、みんなが隠し持った紙とペン・鉛筆をサッと取り出して、群がる新聞記者のように戸坂の話を筆記し始めた。その落差に驚きながら石原もメモをとったが、報告後の議論では借りてきた猫のようにおとなしくしていた。

石原にとって公開的な内部討論は初めての経験であったが、唯研での研究はこんなふうに進められるのかと感慨深いものがあった。石原の報告「メンデリズムの一批判」は『唯物論研究』第三号（三三年一月）の「研究ノート」に採録された。研究報告に手を入れてこの『唯研』に掲載するという形は、その後ほぼ定番となった。

一二月中旬第二回総合研究会が開かれ、午前の「社会科学の部」で、『唯研』第三号に載った阿部真琴（1908生、日本史学者）の論文「江戸時代に於ける地球円体地動学説（一）」が話題になり、明治維新史が純然たるブルジョア革命であるか否かについて質問と討論があった。しかしこれは時間切れで次回の宿題となった。午後は「自然科学の部」で、本多修郎が「自然弁証法に就いて」を報告したが、ここでも時間が足りなくなるほどの活発な討論があった。

初期の研究会はまさに侃々諤々《かんかんがくがく》、喧々囂々《けんけんごうごう》の観があった。物理学者も哲学者も経済学者も、垣根を越えて皆積極的に討論に参加した。「そうだ！」と一喝するような声援がとんだり、「それは観念論だ！」と横やりが入ったり、誰かが意見の開陳を終えるとすかさず「議長！」と数本の手が上がる始末で、討論を整理する議長の苦労は並大抵ではなかった。

在京の会員たちは様々な部門研究会に参加する条件に恵まれていたが、いちいち上京できない地方会員にとってはそうはいかなかった。規約の「第五」に支部設置が定められてはいたが、戸坂はあまり期待を持っていなかったし、研究活動では東京でやるのがなにかと便利だと思っていた。ただ、京都のような文化的に特色のある地方にはその可能性があると考え、梯明秀に支部結成の相談は持ちかけていた。戸坂が京都を去ったあとも、梯、真下信一、船山信一たちのヘーゲルを唯物論的に読み直す研究会が続いていたからである。

京都支部設立をめざして一二月半ばの夜、梯明秀、船山信一、住谷悦治の三人が発起人となって懇親研究会（「哲学・科学の会」）が京都帝大楽友会館で開かれた。懇親研究会のメインは、住谷の「広い意味の経済学と狭い意味の経済学――経済学の終焉の問題」の報告で、梯は集まりそうな人・来て欲しい人に案内状を出したが、はたして何人来てくれるか不安であった。しかし時間になると田辺元が顔を見せたのをはじめ、京都帝大の末川博、恒藤恭、滝川幸辰《ゆきとき》、同志社からは林要、長谷部文雄のほか、若い研究者たちを入れて三〇名ほどが参加して、盛大な会になった。住谷の報告が終わると、田辺の発言「絶対弁証法」をめぐって議論が百出し、司会の梯がようやく九時過ぎに論争を打ち切らざるを得ないほど白熱したものであった。それから毎月一回「哲学・科学の会」は、滝川事件が起こるまで半年の間続いたが、[4] ついに唯研京都支部になることはなかった。

『唯研』自前発行　一九三三年春

唯物論研究会は、官憲も認める合法的な組織として順調に滑り出したが、年が明けて取り巻く内外の情勢は一層厳しいものとなった。

一月には京都帝大教授河上肇が検挙され、二月はじめには長野県で教員赤化事件が起き（四月までに教員ほか六百余人が検挙された）、二月末には小林多喜二の逮捕・虐殺があり、三月には日本が国際連盟を脱退した。ドイツでは国会放火事件が起き、ナチスはドイツ共産党の仕業と宣伝して全権を握った。さらに国内では四月に滝川事件（文部省が京都帝大教授滝川幸辰の『刑法読本』を非難、辞表提出要求）が起き、弾圧は自由主義者にまで及びはじめた。法学部全教官三九名が辞表を提出してこれに抗議し、大学自由擁護同盟なども結成されたが、結局滝川幸辰ら八教授が大学を去ることになった。そして六月、日本共産党の最高幹部佐野学と鍋山貞親が獄中から転向声明を出し、知識人・学生らの「思想善導」にはずみがついて、それ以降転向者が続出した。

唯物論研究会はそのような情勢のもと、地道に研究活動を続けた。しかし唯研は既成学壇にあきたらない新進研究者たちの民間組織のため、いわゆるアカデミー界のようには恵まれてはおらず、研究費はおろか会場費さえ賄う財政的余裕はなかった。そのため会員は、研究の便宜をはかるため資料部が呼びかけた書籍や新聞、資料の寄贈に進んで応えたが、学士会館や如水会館で研究会を開くたびに、そのつど二〇銭から二五銭を徴収された。これは財布の寂しい多くの会員には不評であった。

ようやく一月になって、事務所での研究会開催の条件を整えるため、やや広い三階に事務所を移すことになった。家賃増のほかに四〇脚あまりの椅子と机も用意しなければならないが、これで会場費を半額程度に抑え、残余の財政を会員や雑誌の増加を当て込めば何とかなりそうであった。創立から三ヵ月ほどの間に、会員は二〇〇名近くに増えていた。

一月末、三階の新事務所での初研究会・第三回総合研究会が開かれ、二九名が参加した。今野武雄の報告を受けて「統計と因果の問題」をめぐって討論があったが、白熱したのは皆川宗橘（本名・水上隆吉、1887.11生、医師）の報告「自然弁証法の具体化」であった。皆川は、生命発展の原動力を生物個体の機能と構造との内的矛盾に求めることを力説し、自然淘汰説またはダーウィン主義が生命の進化を第一義的に説明するものではないと断じて、出席者の多数から「熱烈な批判」が出た。文字どおり、侃々諤々、喧々囂々であった。議論が機械的・形式的過ぎる面もあったが、誰もが唯物論にたいして「純情」であった。

二月はじめの哲学合同研究会も二九名の参加のもと、三階事務所で開かれた。この日は加藤正が「弁証法的唯物論の諸問題」を報告し、真理の客観は階級主義に制約されるものではないと力説し、出席者の大多数から反対意見が出された。この加藤の報告はそれから一年も続く「哲学の党派性」論争のスタートであった。

事務所での研究会開催が可能になって、総合研究会や合同研究会のほかに、さまざまな個別の部門研究会が活発に開かれるようになった。三月からは経済学批判研究会が『資本論』をテキストに毎週木曜日の夜に開かれ、ヘーゲル批判研究会はレーニン『哲学ノート』を材料に日曜日に、史的唯物論研究会は担当の報告を中心に土曜日に、それぞれ十数名の参加者を集めて開催されるようになった。

事務所は活気に満ちていた。貧乏でろくなものも食っていないのに、寄るとさわると、何時間でも議論して疲れを知らぬという有様だった。機関誌『唯研』誌上の諸論争は、そういう事務所を中心にしてうずまいていたものが、論文となって表面に現われた形であった。『唯研』ではそうした論争の熱気を直接伝えることはできなかったが、三枝編集長のもと号を重ねるごとに寄稿論文や研究会での報告論文が増え、読者からの通信や、質問・回答も増えて充実していった。各研究会の報告と予定案内も毎号欠かさずに掲載された。

しかしそれに反比例するように、木星社書院からの編集料が滞るようになった。経営に行き詰まっているのか、四月発行の第六号では、「『本誌』の発行所木星社書院は種々の都合で隆章閣と改めました」と公告され、発行人も福田久道から福田政弘に変更された。

機関誌独立説が事務所内で台頭し、すぐに資金集めが始まった。必要金額は二千円余だが、広範な会員に訴えることをせず幾人かが個人名義で借入し、その借入者が「借入金協議会」なるものを組織して唯物論研究会に貸し付ける形にした。「返済期限一年内外、利子年一割」の約束とされた。事務長の岡は京都や大阪にも飛んで金策に努力し、約二ヵ月間で全額をそろえることができた。木星社改め隆章閣の福田政弘は、唯物論研究会の成長のために快く『唯物論研究』の版権を譲渡した。

『唯物論研究』第八号が「發行所　唯物論研究會」として、六月に自前で発行された。実務は唯研創立の翌一一月から庶務一切を引き受けていた刈田新七（1904.11.7生）と、雑誌独立に合わせて入所した松浦喜久太郎が担った。刈田は新潟長岡で代用教員として働いたあと、上京して法政大文学部英文科に入り、『資本論』やプレハーノフ『マルクス主義の基本問題』などを学び、卒業してまもなく唯研に関わるようになった。

研究論文への短いコメントなどが中心だったこれまでの編集後記が変化した。第八号の後記は、版権を譲った福田に感謝し、今後定価を四五銭から四〇銭に値下げすることを告げた後、次のように続けた。「世界の一角では、新型の『秦の始皇』が似而非近代的扮装をこらして、世界の檜舞台へ臆面もなく登場してきた。この粗野な大根役者の芝居に拍手喝采する亜流『始皇』も、この国になしとしないであらう」「三面記事的興味しか寄せない為政者も、一大学教授の『学問の自由』には、妙に神経過敏になるのは何うしたわけか？」「研究の自由は、これを人為的手段をもつて束縛し得べし」「されど、人心の自由は、これを如何にするか？　人は馬を河辺に連行することを得、たゞし彼に暴力的に水を飲ますことは不可能である」。

この一月ドイツで「秦の始皇」ならぬヒトラーが政権を握り、国会に放火させて共産主義者の仕業《しわざ》とでっち上げ、三月にはナチ政権が全権を掌握したそのファシズムを批判し、四月の滝川事件を捉えて、国内の亜流始皇こと斎藤実《まこと》内閣に間接的ながら批判の矢を放ったのである。

講演会中止　一九三三年春

しかし官憲は隙あらば事を構えようと、虎視眈々と唯研に狙いを定めていた。

発起人のひとりで温厚なアカデミシャン本多謙三が健康をくずして退会した二月、共産党への資金提供容疑で岡邦雄と石井友幸が検挙され、ひと月ほどブタ箱入りとなった。この検挙によって岡は物理学校を、石井は文理大学を追われた。

二月二〇日正午過ぎ、小林多喜二が特高に逮捕された。多喜二は石井が留置されていた築地署の隣房で特高三人の激しい拷問を受け、逮捕当日の夜八時前、一言も口を利かないまま息を引き取った。特高はあわてて多喜二を廊下を隔てた保護室に入れ、警察医が申し訳的に人工呼吸を施した。

四月一〇日午後六時から本郷仏教青年会館で、第二回唯物論講演会が開かれた。第一回ほどではなかったが、それでも定刻には続々集まり三〇〇人ほどが会場を埋めた。司会の戸坂潤が開会を宣言し、長谷川如是閑が挨拶を始めた。

「われわれはあくまで唯物論の学問的研究をやろうとするもので、なんら政治活動をするとか、特定の政治的目的をもっているものではない」「ちかごろは観念論とか精神主義とかいう立場のほうがむしろ逆に特定の政治的色彩をもっている……」。そう言ったとたん、壇上左に制服姿で座っていた本富士警察署長が、股の間に立てていた佩剣《はいけん》でガシャリと床をたたきながら「中止!」と叫んだ。すると同時に、どこにそんなにいたのかと思わせる大勢の警官たちが、会場のあちこちにすっくと立ち上がって会衆を睨み付けると、署長が演壇に進み出て長谷川を退かせ、「本集会の解散を命ず」と宣した。

開会早々のことで、皆あっけにとられながらも参加者が出口に向うと、そこに私服の特高たちが待ちかまえていて、警官を指揮しながら、「あの男、この男」と検束を始めた。

成城高校理科乙類一年の湯川和夫(1915.6生、法政大教授)はスタコラ逃げ出したが、一高文科二年の丸山眞男(1914.3生、政治学者)は、マークされていたためか「あの男」の一人となり、三月に東大を卒業したばかりの唯研会員鳥井博郎も、戸坂から頼まれて受付をしていた光成秀子も連行された。唯研発起人で講演予定者のひとり兼常清佐(1885.11生、音楽評論家)が会場に着いた時は、すでに解散したあとであった。[5] 兼常は解散騒動に巻き込まれずに「助かった」と思った。

解散理由がわからない戸坂は岡といっしょに本富士署に行ったが、理由を聞いても署長はハッキリしたことを言わない。仕方なく特高室に行ってみると、検束された丸山たち若い連中が戸坂を見て苦笑いを返してきた。けっきょく要領をえないまま本富士署を出たが、憤懣・憤怒はおさまらなかった。路地裏の屋台に入り、シャコ天で空きっ腹を満たしてようやく鬱憤をはらした。

翌日の『東京朝日新聞』は「唯物論研究会解散さる　昨夜本郷で」との見出しで、「文学士島田佳男（二四）（仮名）他四名、内婦人一名が検束された」と報じた。

翌月の『唯物論研究』第七号（三三年五月）に講演会を企画した企画部の声明が出た。会員の動揺を抑えたいとの思いからであった。「解散命令を受けたことは甚だ遺憾であつた。当夜の講師および会衆諸君には思わぬご迷惑をかけた。猶、都下の二三の新聞に出てゐた記事には多少誤りがあつたことを附記して置かなければならぬ。解散は全く当局の誤解に基くもので、当会はあくまで創立当時の方針に従つて来たもので、其他何等質的変化をしてゐないのであるから、当局の今回の処置は諒解に苦しむところである」。誤解一掃の努力中だから「安心されたし」としたうえで、「再び近い中に、講演会又はそれに準じたものを開催する予定である。この際、会員諸氏の一層の支持をお願ひする」と結ばれていた。

しかしこの事件をきっかけに「唯研は左翼文化団体」との印象が広まり、小泉丹、寺田寅彦などの学界・論壇の有名人たちが退会していった。

岡と戸坂は、退会の意思を伝えてきた寺田寅彦を訪ねた。寺田は「銀座通りに狼や虎が出る時世になった。そう散歩にも出られない」と言った。寺田邸を辞去した岡は「ああいう人にとっては、唯研入会も一つの『散歩』に過ぎないのか」と落胆したが、何事にも動じることのない戸坂も、今回ばかりはウップンやるかたなく、「飲もう」と言い出して新宿帝都座地下のモナミに入った。下戸の岡だが、この日ばかりは戸坂の心中を察して一杯五〇銭のジョッキをいっしょに傾けたが、全くうまいものではなく苦さだけがいつまでも残った。

唯研の設立趣旨をもっと世間にアピールし「詰まらぬ誤解」を一掃する必要があった。さっそく岡邦雄がアカディミズムを打ち破ろうとする唯研の目的と精神を、福澤諭吉の実学精神に模して『學問のすゝめ』という三〇頁のパンフレットに仕上げた。岡自身が「戯作」と呼ぶこのパンフレットは「日本神話」に関する一頁の削除を命ぜられたが、『唯物論研究』第九号（七月号）の別冊付録として発行され、読者の好評を博した。ちょうど『唯物論研究』が自前発行になったばかりで、その宣伝資材として秋には改訂増刷し「送料二銭」のみで会員・維持員拡大に活用された。

退会続出　一九三三年夏

滝川事件が起きてまもなく、ドイツで焚書事件が起きた。政治弾圧とともに文化弾圧を強めていたナチス政権のもと、多くの反ナチ・反ファッショの知識人たちは国外に亡命していたが、ナチスは「非ドイツ的書籍の清掃」を名目に「焚書リスト」を公表し、五月一〇日の夜ベルリン目抜き通りの国立オペラ劇場前で、焚書の狂宴を繰り広げた。火中に投げ込まれたのはマルクス主義の書籍ばかりでなく、トーマス・マン、エミール・ゾラ、アンドレ・ジードなどの本も含まれていた。

焚書を伝える外電は、日本の良心的な文化人らを激怒させた。焚書の三日後には、長谷川如是閑、三木清、谷川徹三、田辺耕一郎（1903.11生、小説家・評論家）らが発起人となってヒトラーへの抗議文を送り、「文化擁護運動」を展開していくことをめざして、「ドイツ文化問題懇談会」を六月に開いた。七十余名が集まったこの懇談会で、三木は「思想家・芸術家自由同盟」の結成を提案し、広津和郎、豊島与志雄、大佛次郎など二五名の準備委員を選んで、七月一〇日には市政会館地下の中央亭で「学芸自由同盟」を結成した。

この総会に本田喜代治（1896.10生、社会学者）に誘われて参加した中島健蔵（1903.2生、文芸評論家）は、三木と初めて名刺を交換したが、左翼を含めたインテリの縮図のような顔ぶれに一驚した。総会は「綱領・規約」を決め、幹事長に徳田秋声（1872.2生、小説家）、書記長に舟木重信（1893.7生、ドイツ文学者）、常任幹事に三木、戸坂、藤森成吉（小説家）、横光利一など一八名、幹事に長谷川如是閑、岡邦雄、菊池寛、川端康成など二一名を選出した。「本同盟は学芸の自由、並びに進歩に関心を有するあらゆる文化分野の人々を包括す」（第三条）とされたように、この同盟にはプロレタリア作家同盟や労農派系の作家・評論家そして唯研会員や自由主義的文化人の多くが参加し、一二月には四〇〇名近い文化人が結集する共同戦線的文化組織となった。

内務省警保局は、学芸自由同盟に「左翼」が含まれていることから、「同盟ノ左翼化ニ努メ居リ注意ヲ要スルモノトス」と警戒していた。学芸自由同盟は予定した機関誌『自由』も刊行できないまま、九月に治安維持法改悪反対を表明し、同盟編として『京大問題批判』を刊行しただけで、同盟のメンバーたちが「シンパ事件」や嫌がらせの「文壇弄花《ろうか》事件」、麻雀賭博嫌疑などをかけられて多数が検挙され、一年も経たぬうちに「自然冬眠」状態になった。

唯研第二回講演会が解散させられた四月、戸坂の勧誘で唯研会員となって京都支部結成を模索・断念した船山信一が上京した。船山は戸坂と連絡をとり、三枝博音のもとで『唯物論研究』の仕事を手伝うことになった。

船山は苦学して三年前に京都帝大を卒業したものの就職先が見つからず、心配した田辺元教授の斡旋でヘーゲル百年忌を祈念した『ヘーゲル全集』（岩波書店）の第一回配本『精神哲学』を一年がかりで翻訳し、「印税毎月五〇円」の幸運に恵まれたが、その後紹介された京都市役所の臨時職員では、ロクな仕事もせずに七五円の月給を貰うことが心苦しく、いずれ東京に出ようと考えるようになった。その間船山は、実践活動には参加しなかったものの『戦旗』や『プロレタリア科学』を読み、仕事のかたわら研究活動を続け、「歴史哲学の地位」「本質としての精神と弁証法」「現象学と弁証法」などの論文を『哲学研究』や『思想』に発表し、研究への熱意を高めていた。その意味で唯研の仕事は魅力的であった。

船山が『唯物論研究』の仕事を手伝い始めて三ヵ月あまり経った八月半ば、編集長の三枝が共産党への資金提供容疑で中野署に留置された。『東京朝日新聞』は「赤色資金提供発覚」と書き立て、三枝は立正・法政・成蹊各大学の職を失った。それから三週間ほどたった九月初旬、同じ『東京朝日新聞』は「ヘーゲルに帰る　三枝教授釈放」との見出しで、「特高課野中警部に対し転向を誓ひ今後はヘーゲル哲学の研究に専ら没頭する事を述べて、八日夕刻一まず身柄は中野署から釈放された」と報じた。

釈放された三枝が唯研を辞めると言い出した。戸坂と岡は、創立準備以来苦楽を共にしてきた「三羽烏」の一人三枝を引き留めるために、東中野のカフェーでビールを飲みながら、夜半まで慰留に努めた。しかし親戚や友人たちの強い「脱会説得」もあって三枝の意思は固く、論文寄稿は約束したものの翻意は難しく、飲めない質の岡にはビールのにがさだけが残った。三枝のあと『唯物論研究』編集長を船山が引き継いだ。

三枝の検挙・退会が、会員の間に「唯研に関わっていては危ない」という危惧と動揺をさらに広げ、幹事長の長谷川如是閑をはじめ退会者がかなり出た。発起人でもあり幹事でもあった斎藤晌（1898.1生、哲学者・漢詩学者）の退会届は、当局への退会証明にも使えるように内容証明付郵便となっていた。

「唯研ニュース」　一九三三年秋

第二回総会が一〇月二九日に予定されていたが、会場を予約していた東洋軒から「事情があって断る」と、二日前になって連絡があった。事務局はあわてて会場探しに奔走したが適当な会場はなく、やむなく事務所の隣室二部屋を借りることにして、急いで会場変更通知を出した。

総会前日は財政報告のための帳簿作りなどが一番大変で、帳面を見ながら算盤を何度もはじかなければならないのに、会場に机を入れて整理するなどの作業も加わり、事務局はてんてこ舞いになった。しかも創立からの会員の移動表、研究会のまとめ（テーマ、開催回数、参加数など）、雑誌の収支をそれぞれ表にまとめなければならず、その日は岡邦雄、石原辰郎、刈田新七、松浦喜久太郎の四人がほぼ徹夜になった。

総会は午後二時から開かれ、三〇名が参加した。戸坂の開会あいさつのあと、舟木重信が議長となり、岡の経過報告、各部（研究組織部、資料部、企画部、財政部）からの報告のあと、議題に入った。議事では、規約改正として新たに出版部と庶務部を設け、機関誌部は機関誌編集部に改称すること、機関誌独自発行と借入金について事後承認を求め、大阪の会員からの支部確立の意向を受けて、支部設立については地方の事情と地方会員のイニシアチブで設立することになった。

そのあと京都から出てきた梯明秀が、出席できない相澤秀一（1905.7生、経済学者[6]）の意向を受けて「財政上の困難を緩和するため、会員は原稿料を辞退してはどうか」と提案した。しかし討論の末、良い原稿を得るためにも原稿料は必要であり、またわずかな稿料[7]とはいえ、それを必要とする会員も存在することから、提案者の相澤と梯に再考を求めることになった。事務局の石原辰郎自身、困窮生活に変わりはなかったし、いつもすり切れた草履が目につく船山信一などは、一〇銭しかないサイフの中身に七銭の「バット」（煙草）を買うか一〇銭の支那そばを食うかで、始終悩む状態であった。

最後に役員改選が行われた。創立総会時に一七名いた幹事は、すでに六名（本多謙三、石井友幸、小泉丹、三枝博音、斎藤晌、長谷川如是閑）が一身上の都合を理由に退任していた。舟木議長に指名された一〇名の銓衡委員は、新たに二〇名を加え、留任とあわせて三一名を推薦した。

総会終了後、二〇名ばかりが日比谷美松の地下食堂で懇親会を開いた。幹事を中心にした参加者たちが、この一年間の苦労と思いを様々に語りつくした。なごやかな雨の一夜であった。一切の庶務を担当しつつ、機関誌の校正や出版雑務をそつなくこなしてきた刈田新七もまた、新幹事になって緊張感はあるものの事務局を退任してほっとしていた。出版実務に専念していた松浦喜久太郎も事務局を離れることになったが、後任に新幹事の石川湧（1906.11. 生、翻訳家）と新採用した平田小六（1903.11 生、小説家・評論家）が就くことになり、それぞれが歓談を心から楽しむことができた。

松浦の後任となった石川は東京外国語学校でフランス語を学び、三枝の「ヘーゲル及び弁証法研究会」に関わりながら「戦無」の国際部長を務め、この夏二ヵ月ほど本富士署に留置されたあと、三枝の勧めで活動の場を合法的団体「唯研」に移したばかりだった。一方の平田は、木星社書院で校正係をやっていたが『唯物論研究』が自前発行になるとき、岡に「君も唯研に来ないかね」と誘われて新たに事務員になった。事務所には岡が「大した娘だよ」と言う黒川布由子（のちの石川湧夫人）も働いていた。

総会の翌日、最初の幹事会が開かれ、幹事長空席のまま事務長に戸坂がつき、岡は庶務部担当にまわった。当時戸坂は、光成秀子から懐妊と同時に「私生児であれ生む」という決意を伝えられたばかりで、心中穏やかではなかったが、事務長職は引き受けたからには全うしようと決意した。

戸坂の最初の仕事は、謄写版刷りの「唯研ニュース」を活版刷りに変え、内容も大幅に刷新することだった。「従来トウシヤ版刷りで発行してゐたニエ《（ママ）》ースは殆んど研究会の予報に止まつてゐた」が、新しいニュースは「会員の個人的な意見、個人的な消息等をもひろく収め、会員相互の親睦を図る意向で」、毎月五日と二〇日の月二回、四六倍判の四頁か二頁建ての発行とし、さっそく一一月二〇日に第一号を発行した。ニュース第一号のメインは第二回総会の報告[8]であるが、一頁目に「研究会予報」とともに、戸坂の「創刊の辞」が載った。

……発行による経済上の負担は小さくはないが、機関誌に不向きの研究会の様子、会員の様々な仕事、会員の身辺消息などは会と会員の親睦には大切なニュースだ、会員のちょっとした思いつき、希望、感情や意志そのままの内容をこのニュースは提供する、その意味で「唯研ニュース」は会と会員にとっての「日記であり、新聞であり、又手紙でもある」、「『非常時』時局の折柄、わが唯物論研究会の研究活動は、彌《いや》が上にも意義の重大性を加えつつある」「会員各位が振つて、本ニュースのために援助を與へ、特に進んで御投稿あらんことを、期待して止まない」……

たしかに「非常時時局の折柄」であった。ニュース第一号発行の二日後、『東京朝日新聞』は二二日付けの夕刊で「長谷川如是閑氏　けさ突如召喚　シンパ事実発覚か」との三段抜き見出しで、「長谷川が数回にわたって約百円を党資金局に提供した疑いがあり、唯研が共産党のシンパ網になっている」旨を報じた。「長谷川氏は唯物論研究会会員で、さきに検挙された会員の共産党員赤羽寿[9]がシンパ網を会に植え付け、今年二月石井友幸、岡邦雄、伊藤至郎、今野武雄、羽仁五郎らが検挙[10]に至った事実がある。会員は二百名からあり、検挙者の取り調べから長谷川氏が判明するに至った」（要旨）。

さっそく「唯研ニュース」第二号（一二月五日）が、「本会に関する　都下各新聞の中傷」と題して反論し、会員の動揺を静めようとした。……長谷川氏が会員や幹事であったとしても「本会と一体何の関係があるのだろうか」、いまや検挙はどこの官庁、会社、学校にも起こりがちで、特に唯研だから起こったのではない。大塚金之助氏が機関誌を主宰したとの内容、党のフラクションが会を一つの職場としてシンパ網を張ったという事実は無根とハッキリ言明する。会員諸君は「悪質な社会的デマを会のために、あらゆる機会に、あらゆる方法を以て振り払はれん事を望む」……

しかし新聞各紙はその後も、事務長の戸坂が唯研及び赤色救援会のメンバーとして党に資金を提供した疑いで一二月七日に杉並署に召喚され、健康上の理由でその日の夜帰宅したと報じ（『読売新聞』）、同じく『東京朝日新聞』は、「唯研会員で学芸自由同盟の書記長舟木早大教授（四一歳）が、収容中の党員赤羽寿（伊豆公夫、前橋地方裁判所検事正赤羽音次郎氏息）に数十円を渡したとして中野署に召喚・留置されている」と報じた。

唯研は創立一年のあいだに、中心的会員が召喚・検挙される事態に直面していた。

困難と改善と　一九三三年秋～三四年初夏

その頃戸坂は「技術」の問題に強い関心を寄せていた。技術と社会、技術と文化という問題が、大恐慌以後の資本主義的危機そしてソビエトの社会主義建設との関係から、あらためて国際的な問題となっていた。また国内の産業界でも、満州事変以来生産力向上のために「技術」問題が一つの焦点になっていた。研究会でも技術問題について、「生産力」との関連とあわせてさかんに討議され、戸坂も一一月の総合研究会で「技術家の社会的地位」を報告した（『戸坂潤全集』①、所収）。その時は技術家の地位を安定的に見すぎてはいないかとの意見も出たが、戸坂はその報告後、『技術の哲学』（時潮社刊）を一二月にまとめた。戸坂の意図は、現代における科学の問題、イデオロギーの問題、インテリゲンチャの問題などの全体的・統一的な把握を通して、人間生活のあらゆる領域に浸潤している「技術」問題について新たな照明をあてることにあった。

しかしこの頃の研究会は、低調気味になっていた。会員の召喚・検挙の影響のほかに、研究会の乱立が響いていた。自前の事務所での研究会開催が可能となったこの春から合同研究会や総合研究会のほかに部門研究会が細分化して独立し、哲学部門ではヘーゲル批判研究会、現代哲学批判研究会が発足、イデオロギー部門も芸術研究会と宗教研究会に分離し、社会科学部門でも経済学批判研究会や経済情勢研究会、唯物史観研究会に細分化、自然科学部門では物理学を中心にしたA部門と生物学を中心にしたB部門に分かれた。それぞれの研究会が週一回とか月二回の頻度で研究集会を開いたため、会員の大幅増がないままに参加者が分散し、狭い部屋が広く見えるほどに少なくなっていた。

さらに三三年秋には歴史部門研究会や唯物論史研究会、唯物弁証法研究会も始まり、昼の部に出席した会員に「今夜の研究会に残ってくれませんか?」と石原辰郎が頼んでも、「残ったって、僕など専門違いだからね」と断られ、つい「いや、枯れ木もなんとかですよ」と口を滑らせて相手を怒らせ、「夕食代を出すので、そこをなんとか」と頼み込むこともあった。それでも参加者の多い研究会で一〇名少し、合同研究会でさえ少ないときは「数名」と報告される状態で、行楽日和の日曜日やみぞれの夜などは流会になることが目立ってきた。

各研究会は年が改まっても同じ状態が続き、とうとう三四年の二月中旬、幹事会の議論を経て研究組織部名で「研究組織の改造について」が発表された。「従来の研究活動にかんがみて、研究組織を次のやうに改組した」と、改めて出発時の三部門に立ち返ること、原則としてすべての研究会を土曜日の午後と夜に開催することとされた。しかも哲学部は森宏一の責任で月二回、社会科学部は相川春喜（本名・矢浪久雄、1909.8生、評論家）の責任で月三回、自然科学部は戸坂の責任で月二回、さらにそれらとは別に総合研究会を月一回もつなどと回数も決められ、翌三月からの実施を告知した。研究会の数と開催回数を減らしたうえ、開催日を土曜日に集中させたのである。

効果は徐々に現れ、梅雨時の頃からは参加者が二〇名を超える研究会も出てきた。その勢いもあって、当初予定されていた七月半ばから九月半ばまでの研究会の「暑中休暇」の期間中も、会員からの要望を受けて「夏期特別研究会」（唯研レクチャ）を開くことになった。

通常の研究会では誰か一人の研究報告後質問討論する形式だが、暑い夏は話し手も聞き手も楽ではなく、夏期特別研究会は「輪講」の形で基礎的・啓蒙的な面を重視し、学生も含めて広く一般からの参加を募ることになった。哲学部は『ドイッチエ・イデオロギー』（岩波文庫）を森宏一の責任で、自然科学部はエンゲルスの『自然弁証法』（岩波文庫）を石原辰郎で、社会科学部はラスキン他著『経済学入門』（中外書房）を小田一夫の責任で、それぞれ木曜・金曜・土曜の夜、各七回ずつ持つことになった。

この輪講方式の特別研究会は評判がよく、暑さにかかわらずどの部も平均一〇名ほどの参加者があり、夏期だけではもったいないと開催曜日は変更になったものの、九月以降も継続することになった。

研究会の困難は解決の道筋がついたが、会費の納入状況は悪化していた。一月の会員数は約二七〇人、会費月五〇銭だから月一三五円は入らなければならないが、昨秋からは納入率三割七分の五〇円台に下がり、毎月一〇〇円程度の借金を続けていた。そのうえ『唯物論研究』自前発行時の借金二〇〇〇円の返済時期も迫っていた。財政部は一月に入って「会費維持費についてお願い」を出し、「毎月五〇銭以上の雑誌、月二回のニュースを届けて、会費五〇銭は安い。滞納一掃の上、三ヵ月なり半年分なりの前納で、財政部員の元気を鼓舞して欲しい」と訴えた（「唯研ニュース」第四号）。その効あってか三月には「未だ嘗て有らざる」一二〇円を超える入金があったが、しかしこれも長くは続かず六月には再び「会費の催促」が出された。……会費・維持費・購読料の滞納が合わせて一七〇〇円、入会以来のゼロや滞納したままの退会者もいる、「色々事情もあらうけれど余り甘く見ないで貰ひたい。そのうちに各個に集金にいくから。月に五十銭ぢやないか」（「唯研ニュース」第一一号）。

この「催促状」が会員の不評を買い、次号に財政部の「陳謝」が出る騒ぎになった。……財政部の署名になっていたが、「部員凡ての承認を得たものではなく、非常に失礼なことを申し上げ陳謝いたします。ただ書かれた内容は真実なことを保証いたします」（要旨）というもので、財政の困難は解決されないままその後も続いた。

一年間続けてきた『唯物論研究』の自前発行にも困難はあった。編集実務はともかく発行事務を担うのは会の実務負担が大きく非効率なうえに、この五月には編集長の船山信一が検挙され石原辰郎が後任となったものの、さらに事務局の「手」が薄くなり、実務の負担軽減が必要になっていた。そんな事情から頼み込んでいた大畑書店がようやく了承して『唯研』第二〇号（一九三四年六月）から発行元が変わることになった。大畑書店は、戸坂の『現代のための哲学』や岡の『唯物論と自然科学』など唯研会員の著作を多数刊行し、最近では会が翻訳した国際科学史及び技術学史会議の報告（第二回国際会議でのソヴェト代表の報告）を『岐路に立つ自然科学』として刊行した縁ある出版社であった。

しかしあまり経営状態が良くなかった大畑書店は、第二〇号一冊を発行しただけですぐに手を引いてしまい、第二一号は再び自前発行に戻った。「事務局並びに機関誌関係者一同の無定見の致す所と読者諸氏の嘲笑と会員諸氏の叱責を受けることだらう。それには色々こみ入つた事情もあるが、ここに弁解がましく述べる程のことでもないし、社会一般から見ればどこにでも転つている底のものだ」（『唯研』第二一号「事務局報告」一九三三年七月）。

有り体に言えば売行き不振が、大畑書店の予想をはるかに超えていたのである。なにしろ四〇〇〇部を印刷したが、寄贈・実売は一五〇〇冊弱で、返品二五〇〇冊という大きさに、経営再建をめざしていた大畑書店が仰天、さじを投げたのである。やむなく幹事会を毎週開くことにして、編集部会を幹事会が兼ねるようになった。

「唯研の奴ら」一九三四年秋

戸坂の英断で始まった「唯研ニュース」も、計画どおり五日と二〇日付けでキチンと発行されたのは二月までの四ヵ月ほどの間で、三月からは月一回になり、ページ数も二、四、六ページと「増減自在」の発行となった。戸坂は理想的なニュース発行には会員自身が自分のニュースと思い自ら進んで投稿するように「創刊の辞」で呼びかけてはいたが、会費の納入同様なかなかうまく事が運ばなかった。初夏を迎える頃には、「こ、最近の二三号はゴシップ・デマ特輯号の観を呈している」と批判が出るほど、埋め草と思われる「駄文」が増え、「どうも原稿が少なくて、編輯部の小人等の愚語を以てニュースを埋める結果になつた」とお詫びを出す始末であった。しかしその改善もままならず、そのあともしばらくは「駄文」が「唯研ニュース」を埋め続けた。

「よみびと知らず」とした「千葉集」なる戯れ歌（「唯研ニュース」第一三号、一九三四年八月）は、中心メンバーを茶化し揶揄する「駄文」であった。……岡邦雄を歌へる「吾と来て遊べや金のない雀」、相澤秀一「多恨《たこん》の吾は西に去る」、森宏一「與市兵衛を思い切つたる定九郎」、平田小六「月夜に釜を抜く」、光成秀子「今度浮世は女子《おなご》でおいで」、刈田新七「榮耀《えいよう》に餅の皮をむく」、石原辰郎「世が世なら四十八手の裏おもて」、戸坂潤「二階から目薬」……。そして茶々木信砂《(ママ)》なる会員の「短歌」（第一四号、三四年九月）では、「秋されば会費集らず憂鬱論心もしぬにいにしへ思ほゆ」「機関誌の売行見ればむらぎもの心しなへて憂鬱悲観」……と、唯物史観に憂鬱悲観をかけて唯研の実情を嘆いてみせた。

また「ＦＯＸ生」なる筆名で「唯研の奴らは……」という投稿もあった（第一三号、三四年八月）。「甲曰く、唯研の奴らはどうもプチブル的臭味《くさみ》が抜けない。乙曰く唯研の奴らは要するに

『観念に対して吠えついてゐるに過ぎない』のだ。丙曰く、唯研の奴らに小説のわかる奴はゐないよ。丁曰く、唯研の奴らは皆デボーリン主義者[11]なんだ。戊曰く、唯研の奴らは……。私は唯研の奴らの一人らしいのですが、『唯研の奴ら』を集めて芝居をしたら『一夜の宿』の様なものが出来はせぬかと思つてるんです」。

ちょうどその夏、戸坂が「思想不穏のかどで」法政大学文学部教授を解職された。光成秀子が女児を出産し明美と名付けた翌月八月のことで、複雑な気持ちと解職された苦渋が戸坂を苦しめた。解職は、昨秋来の「法政騒動」のあおりをうけて、何者かが大学当局に「密告」した結果であった。

「法政騒動」というのは一種の主導権争いのようなもので、自由主義的な大学運営を続ける野上豊一郎（学監兼予科長）への一部教授・学生たちによる前年秋の解任要求に端を発していた。荒木貞夫（陸軍大臣・大将）の大学顧問就任を後ろ盾に、松室学長の死後学長に就任した秋山雅之介が野上豊一郎を解任・休職扱いにし、野上を支持・擁護する大学予科の戸坂を含む教授・講師ら四十余名が、これに抗議して一斉に辞表を提出する騒ぎとなった。大学当局は正月明けに、翻意勧告を拒否した林達夫、河東涓ら教授二三名、戸坂や谷川徹三、田中美知太郎ら予科講師一二名など総計三六名を解職処分に付した。そのため予科教授・講師団が壊滅状態になって大学が大混乱に陥り、これまでの独自性豊かな大学運営が閉鎖的なものに変わった。この騒動のなかで秋山学長は五月に病気辞任、後任の総長[12]水町袈裟六は就任二ヵ月で急逝、そのあと大逆事件や虎ノ門事件を担当した元検事総長小山松吉が総長に就任すると、これ幸いと戸坂を「密告」する者が出て、戸坂は文学部教授を解職されて法政大での全ての職を失ったのである。

この解職は戸坂家にとっては不幸であったが、唯研にとっては戸坂の全知能・全エネルギーを「独り占め」する絶好の機会になった。そしてまた戸坂もその期待に応え、困難に直面している唯研を立て直すために様々な改善策を打ち出した。同時にこの解職は、戸坂のジャーナリズム界への進出の機会ともなった。

「唯研ニュース」は徐々に当初狙った「会員の日記、新聞、手紙」に近づき、翌三五年からは刈田新七をニュース担当に配置してほぼ月二回の発行に戻し、会員の研究の便宜を考えて古本・新刊書を割引頒布する「代理部」を新たに設けて取扱書を『唯物論研究』に掲載し、「研究会予報」には参加者の便宜をはかるために、これまでの日時、テーマ、報告者名に加えて、詳しい参考文献を載せた。また財政強化のために一年以上の会費滞納者には機関誌『唯研』の送付をやめ、年末には集金請負会社の博運社に依頼して集金人を滞納者宅に派遣して回収につとめた。

楽天主義　一九三四年秋

しかしこれらは戸坂の本意ではなかった。研究活動を大いに進め、会員同士が楽しく交流することこそ大切であった。

解職された翌九月、村山知義が東北ビルの小さい事務所に戸坂を訪ねてきた。村山は九月に結成したばかりの新協劇団の団員教育のために、唯研から講師を派遣してもらうつもりであった。開成中・一高で戸坂と同級だった村山は、東京帝大を一年で退学してドイツに留学し、ジグザグの道を通ってはいたが、今は演劇人コミュニストとして新たな演劇活動を始めようとしていた。

十数年ぶりに会った戸坂は少し肥って堂々としていた。話を聞き終えた戸坂は「講師派遣などでなく、君も含めて劇団員みんなが唯研にはいったらいいじゃないか。芸術理論の研究もしたいから、君には是非会員になってもらわねばならぬ」と入会を熱心に勧めた。

その月末、村山は社会科学部芸術部門の研究会に招かれて「演劇運動史」を講じた。社会科学部の芸術部門研究会は開始して一年ほどのあいだに宗教や芸術論、美術史などをテーマにしてきたが、演劇史を取り上げるのは初めてであった。村山は、明治以降の歌舞伎、活劇、壮士芝居、新派劇、さらに新劇運動を経て築地小劇場に至る歴史をたどり、プロレタリア演劇運動の台頭とその分裂の状況を報告して、自らかかわった新協劇団の結成の必然性・必要性を強調した。参加者は最近にない二一名を数え、村山の報告を受けて活発な討論が繰り広げられた。

その秋の研究会のおり、岡邦雄は物怖じもせずすぐ横隣に若い娘がピョンと座ったのにドギマギした。その若い娘・桝本セツ（1912.2生、翻訳家）が、本屋で見た『唯物論研究』をみて事務所を訪ねて入会手続きを済ませ、前回の研究会から出席したのを岡は知らなかった。研究会参加者のなかで格段に年長に見え、大柄、柔和で誠実そうな岡の様子に、桝本は三年前に亡くなったリベラルな労働運動家の「父」（桝本卯平）を感じて、隣に座ったのだ。年齢は岡四四歳、桝本二二歳、父子ほどの年齢差があった。

第三回のピクニックが一〇月二一日に行われた。ピクニックには「秘密の相談でもあるか」と警戒する特高がいつもついてくるのだが、所詮秘密の話などあるわけがない。戸坂は常日頃から「唯物論者は朗らかでなければならない。ゆとりがなければ耐久性はない」と言い、人生を楽しみ、ユーモアのセンスを大切にしていたからだ。昨秋に初めてもたれた登戸へのピクニックも戸坂の提案で、その時は戸坂、岡の家族を入れて一五人、今春の第二回の習志野行きも一三人で、この秋の三回目こそ参加者を増やそうと、三鷹天文台見学と深大寺探勝のほかに、野球の試合も企画した。

さっそく唯研野球部が結成され、「唯研の学者達も、秋空の下で枯れゆく草を踏みにぢり、ひとつぱしあばれなければ、空《す》きゆく腹をまぎらはせきれない」(「唯研ニュース」第一五号)としてメンバーも発表された。監督岡邦雄、投手堀眞琴、捕手山岸辰蔵(本名・山田坂仁)、一塁戸坂、二塁相川春喜、三塁甘粕石介、遊撃内山賢次(主将)、刈田新七、右翼森宏一、中堅長谷川一郎、左翼石井友幸、補欠に大宅壮一、平田小六のほか、応援団長に唯研最長老の宮地八峰がつき、応援団員には神近市子、桝本セツ、光成秀子、「其の他会員家族大勢」となっていた。

当日は絶好の秋日和、場所が近いため五六歳から二歳の幼児まで総勢四八人が三鷹天文台グラウンドに集まった。さっそく天文台チームとの試合に臨んだが、二回までは二対二と持ちこたえたものの、なんと五回までに四対二三と実力差がでて五回終了のコールドゲームとなった。点差が開き敗戦濃厚となると応援団の女性軍は弁当を開き、男性軍は紙将棋などを始めたため、「応援団の振る舞いが、敗因の基礎的原因だ」と、あとになって実力そっちのけの「評価」がとびかった。試合後は天文台で七吋《インチ》望遠鏡を覗き、深大寺探勝後の籤引きで賞品として出た野菜や果物に子ども大人も喜び、多摩川河畔でのボート遊びでは浅瀬に落ちるあわて者も出た。抜け目のない「唯研の奴ら」は、ズボンを乾かす火で焼き芋を焼いてほおばった。

いつも特高につきまとわれ、唯研会計は赤字続き、個人生活も貧窮そのものだが、ピクニックだけは楽しい交流の場であった。

決意　一九三四年秋〜三五年二月

そうした楽しみとともに、戸坂は終わったばかりの第三回総会の討論も踏まえて研究会活動にも力を入れた。輪講方式の特別研究会（唯研レクチャ）では、森宏一の『ドイッチエ・イデオロギー』が一一月に終了すると、戸坂自らが独語原典を使いつつ邦訳四種を比較しながら、マルクスの『経済学批判序説』を講じ始めた。またこれまで毎週土曜日の午後と夜に各部主催で開いていた研究会を、研究組織部が統一して企画することにし、開催を土曜の夜一回に限定して力の集中をはかった。

合法組織の唯研ではあったが、司法省や内務省は当然のように唯研の監視を続けていた。内務省警保局は「然レ共近時ニ於テハ漸次極左分子之ニ接近シ、本研究会ヲシテ共産主義学者ノ転落遊離ヲ防止スル為メノ手段ニ利用シ、更ニ又日本共産党竝日本労働組合全国協議会等極左団体ノ良キ同伴者トシテノ役割ヲ果サシメムコトニ努メ居レルヲ以テ注意警戒ヲ要スベキ団体トナレリ」（一九三三年『社会運動の状況　五』五二一ページ、三一書房）と見ている一方、司法省の検事局思想部は「元々正統派共産主義者を奉ずる平野義太郎、山田盛太郎等を主体とする」が「表面に立つ人物が岡、三枝、戸坂等の自由主義者なる為、直接当面の政治経済的方面に触る、事少なく」「理論研究を以て広義の実践と解」し、「実践の跡付けの為の理論研究」を主眼としている。したがって「同会が非合法団体として革命的行動に移行することは現在に於て考へられない」。「要するに自由主義者の反動時代に於ける鵺《ぬえ》的存在を見て大過なきものと思はれる」（『思想月報』第一号、一九三四年七月）とやや客観的な見方をしていた。

しかし一一月二六日、警視庁が「注意警戒ヲ要スベキ団体」唯物論研究会の会員名簿を入手し、それから一ヵ月の間、各警察署の特高が管内の大学、研究所、会員宅を訪問して唯研会員に「圧力」をかけた。会員には善良な知識人・研究者が多く、特高の「歴訪」は会員とその周辺に「疑念と危惧」を抱かせ、強い動揺を起こした。その結果ほぼ一ヵ月の間に、阿部眞琴、新島繁、樺俊雄、安田徳太郎、長谷川一郎、山田坂仁（筆名・山岸辰蔵）、本多修郎（筆名・吉田斂）らこれまでの主要メンバーを含めて自然科学者を中心に、会員の五分の一にあたる四三名が一気に退会した[13]。

戸坂はこれ以上の取締強化による会員減を防止しようと、翌三五年一月、東京地方裁判所検事局究に「唯物論研究会に就て」(『戸坂潤全集』別巻、所収)を提出し、唯研創立の意図、創立後の活動経過を説明した。……唯研が「コップ特にプロレタリア科学研究所の事実上の壊滅直後に創立せられたという偶然の事実からして、何か左翼組織の一層外廓に在ってそれに代行するものではないかという風な憶測」が行われたが、「左翼団体との関連があってはその(専門家の)糾合も不可能」で、構成メンバーは「専門家」としての共通点だけで、組織的に研究方針を与えることもなく、また「左翼的傾向に対して有っている政治的関心も区々である」。毎年二、三の会員が研究会の以外の事件で検束され、会に有害な影響を及ぼしたのは遺憾だが、それは会員個人の事情によるもので、「会としては不可抗の現象であった」……。

その上で戸坂は、創立以来の研究会組織の改組経過、毎大会選出の幹事名、財政上の困難なども事実に基づいて記載し、昨秋の所轄特高の会員歴訪によって多数の退会者が出たことに触れ、「本会としては非常に打撃であるが、かかる衝撃を受け易い層に会員を求める他なき本会としては、これ又不可抗の現象なのである」。いま研究会活動は整理縮小の一途で、唯研は「社会状勢からの制限を受けて漸く現状を保持しているだけの状態」だが、「アカデミックな学会と並行して吾々自由研究家によって組織される総合的な科学の学会が是非とも必要なのである」として、その矜持と決意を次のように述べた。

「本会は一学科、一大学に限られない、一個の民衆的学術団体である。反覆強調したように之は何等政治的色彩・傾向を有たないし、又もってはならない。吾々の研究すべき唯物論中の一つ、例えばマルクス主義は、なる程明かに政治的実践を重んずる。併しだからと云って吾々唯物論研究家が各自の研究を政治的実践に結びつけねばならぬという必然性を一向に有たないことは理の当然である」。実際問題、われわれは家族を有する市民であり、吾々の研究目的を達成するためには「言葉の十全な意味で市民権を完全に保障されなければならぬ。ここに吾々の『政治的』限界が横たわるのである」「吾々は幾多の誤解に曝されつつ、生活を脅かされつつ、而も窮屈、困難、不自由なる唯物論研究の為に一生を捧げる決心を有つ」のは、「他でもない。ギリシャの昔から哲学は帰するところ、観念論と唯物論との二派に分かれるのであるが、処が今日世間の抱く興味は殆んど尽く観念論の側に傾いていて、唯物論固有の真理は著しく無視・誤解されている」。インテリ層に於ける「宗教復興」、庶民の淫祠《いんし》邪教の流行、政府はそれらに乗って「一種の思想統制を行おうとさえしているかに窮知せられる。しかし若し人間の有つべき基礎的な世界観が、何等の公正な研究をまたずに無批判に取り入れられ、又更にそれを基礎として強力的に単一化され了《おわ》るならば、人類の理性と惰性とを進歩せしめる動力は事実上全く失われることは火を睹《み》るよりも瞭《あき》らかである。吾々はこの二つの思想・世界観の対比に於て初めて双方の思潮の価値を科学的に知り得るものであり、そしてかかる比較研究の立場の正しさは古来の思想史の検討によって確認せられていると信ずる。之が本会の建前なのである」。吾々はこうした確信の下で、「唯物論の研究」に従っている。大部分の者は自由なる立場で、また本会に所属する少数の唯物論者も本会のこの立場で一致協力している。会員は「みな篤学・熱心の徒であり、漸次充実した研究を進めようとしている。本年はおそらく本会にとって意義ある発展と充実の一年であろうと期待している」(『戸坂潤全集』別巻、三一一—一八ページ)。

戸坂は時代に抗しつつ、新たな決意で唯研の運営にあたろうとしていた。……あらゆる事柄に唯物論的批判のメスを入れ、その本質をあばかなければならない……。困難は戸坂の思想を一層強めた。

二月になって戸坂が時評「愛国運動と右翼小児病」を書いた(『現代日本の思想対立』今日の問題社刊、三六年一二月、『戸坂潤全集』⑤、所収)。

戸坂は三五年に入ってから、NHKが満州から流し続ける「ファッショ的お調子もの」、「中味の空っぽな子供っぽい言論」が少なくなったこと、国内に目をやると愛国団体の統一機運が高まっていることに気づいた。年末に右翼団体の黒竜会、愛国社などが解散して「信統会」を結成、今年に入ってその「信統会」と「昭和神聖会」との統一が動き出したばかりか、神武会(五・一五事件の大川周明が盟主)も解散を決めた。もはやイデオロギー壮士たちの「ファッショ的空論空語」だけでは「時代の要請」に合わず、組織さえ維持できなくなっていた。それは一種の右翼の「退潮」のようにも見えるが、「再興」の新たな胎動でもあった。

戸坂はそうした動きにファシズムの本格化を予感し、この時評で「愛国運動に一種の退潮期が来たというのは、つまりこの運動が従来のイデオロギッシュないわゆる右翼小児病を清算して、より実質的な即ちより本質的な本来のファシズム機能に腰を据えはじめたことを意味する。これからが本当のファシズムになるのだ」と警鐘を鳴らした。

たしかにこの二月には美濃部達吉の天皇機関説が国会で攻撃され、美濃部はすべての公職を辞し（天皇機関説事件）、文部省は国会決議を受けて各学校に国体明徴を呼びかけ、軍部が政治の表面に乗り出した。翌三月には最後の共産党中央委員袴田里見が検挙されて共産党中央が壊滅に追い込まれ、五月には全国警察部長会議や特高課長会議で出版物や農民運動の取締強化が指示されるなど、ファッショ化の波があらゆる分野で一段と進もうとしていた。

第4章　おけさほど　一九三五年〜三六年

『世界文化』　一九三五年二月

一九三五年二月、京都で反戦・反ファシズムの思想文化雑誌『世界文化』が新しく発行された。二年前の京大滝川事件を契機に、京都在住の真下信一、中井正一、久野収（1910.6生、哲学者）、新村猛（1905.8生、仏文学者）、和田洋一（1903.9生、独文学者）ら一六人の同人が模索し続けてきたファシズムへの反撃ののろしであった。

言論・思想統制の一つのエポックとなった京大滝川事件への抵抗は、その三三年夏、中心メンバー十数人が検挙されて壊滅した。しかし大学院生代表としてその反対運動、学問の自由のために奔走した真下らは、ファシズムを食い止めることは無理にしても、せめて反ファシズムとヒューマニズムの大義名分をどこかで鮮明にしたいと強く思っていた。当時真下のもとに大学院生の組織化の相談にやって来た久野収も、久野と共同自炊の生活を送ったことのある中井も、同じ思いでそれからの日々を過していた。

久野などは「もう負けたんだから、止めとけ」という恩師田辺元と大げんかをし、特高の保護検束を避けて一時実家のある鎌倉に帰っても、その気持ちは変わらなかった。「ここは都を何百里、離れて遠き京洛も、ファッショの嵐に襲われて、自治も自由も石の下」と、「戦友」の替え歌をなんども歌った。ともかく、悔しかった。

三三年の秋になって、真下とその友人新村猛と和田洋一に久野も加わって『美・批評』の再刊話が持ち上がった。『美・批評』は、中井ら京都帝大の美学科や哲学科の卒業生たちが美学などの研究を目的に三〇年九月から刊行していたが、滝川事件を契機に第二七号で休刊したままであった。文化・芸術の領域で前衛的な新感覚をもちモダニズムを中心にしてきた『美・批評』の中井らと真下や久野らは、古風な理想主義と官学アカデミズムへの反感の点では共通していた。なんどかの相談会の結果、『美・批評』(第二八号)はほぼ一年ぶりの三四年五月に再刊された。

しかし美学美術史関係の中井らと真下らとの間には、俗流社会学的な芸術論にあきたらないという学問研究上の共通項はあったが、思想傾向のうえでは開きがあった。半年も経たない三四年秋になってこの開きが顕在化し、「美術と思想の寄合い所帯」は大きく揺さぶられた。真下、久野、新村などが、バルビュスの『ゾラ』の書評を載せるために、新聞紙法に抵触しないよう『美・批評』を定期刊行物にして、誌名も変えようと提案したのがきっかけであった。新刊紹介のような新しいニュースを掲載するには新聞紙法の適用が必要で、それには供託金二〇〇〇円も用意しなければならなかった。同人のあいだに賛否両論、あくまで美学雑誌の初志を貫こうとする意見と、進歩的な思想文化雑誌に切り替えようとする二つの意見とが対立した。中井を含む従前からの『美・批評』の同人たちは改組・改題に難色を示した。改組改題すれば、『美・批評』に資金援助していた大阪朝日新聞社社長上野精一（1882.10生）の援助を断念しなければならない。それも中井の気がかりのひとつだった。こうして再刊『美・批評』は五冊を出しただけで、三四年一〇月の第三二号をもって終刊となった。

真下、新村、久野らには、国内の滝川事件はもちろんだが、ドイツで生まれたナチス政権とそのもとで発生した焚書事件は憂慮の最たるものであった。マルキシストやリベラリスト、ヒューマニストたちの著作を積み上げて火を放ち、ナチ学生たちがその周囲を踊り回るのは、海の向こうの他人事ではなかった。どうしてもこの文化バーバリズムは止めなければならない、せめてフランスの反ファシズムの動きを日本国内で紹介したい、フランスではマルキシストだけでなく、アランやカトリックの思想家ジャック・マリタン、ヴィルドラックなどが皆結集してナチスのような独裁政権樹立を阻止しようとしている……、それは真下らの血のたぎるような想いであった。

晩秋になって新村猛と久野収が中井正一を説得することになった。面談の会場楽友会館に向う途中久野が「『美・批評』再刊の時にな、中井は『新村出先生の息子、猛を参加させるのはなぁー』と言っていたんだ」と話した。大学社会での新村の将来を考えて中井が躊躇していたことを知った新村猛は、自分のこととは言え「将来を顧慮する中井」に強い反発心が生まれた。新村は面談の席上「お互い、そういう配慮は捨てましょう」と言い、中井に改組・改題の決意を強く促した。新村の気迫、今にも噛みつきそうな久野の顔に、最後は中井も肚を決め、新しく雑誌を出すことになった。

こうした経過を経て、同人たるべき仲間が集まり相談が始まった。会費は月二円、自費発行、月一回の合評研究会開催などを決めたが、雑誌名ではいろいろな案が出た。真下は非合理主義に対抗する意味で「ロゴス」を提案、ほかに「国際文化」という案も出たが、「国際」というだけで警察が警戒するという意見もあって、結局日本ロマン派の国粋主義に対して「世界」、軍国主義やファシズムから文化を守る上での「文化」、そういう意味を込めて『世界文化』と決まった。

「創刊の言葉」は真下が書いた。検閲を考慮して、ギリギリの「奴隷的な言葉」を使った。……いまは歴史的な時代、「所謂『非常時』——危機——なのである」「時代のテムポがすつかり変つてゐて、自分がそれについて行けるか、行けないか、に迷ふ」「学問文化への不信頼と絶望。だが、まじめな顔と胸とは、到底此の様な不安と絶望には堪へられない。新しい、しつかりした、もう再びは背かれることを知らない文化の、大通りを探し求めざるを得ない。そのような世界文化の大通りこそは、ただまじめに努力する人々にのみ踏まれるであらふ」「真理の扉をたたくことを忘れないでゐる真摯な手によつてのみ、この雑誌は育てられるであらふ」……。

真下や新村、久野たちは創刊から三年の間、ポケットマネーで諸外国の新聞・雑誌を購入し翻訳しては『世界文化』で紹介した。ヒトラーに追放されたトーマス・マン、ブレヒト、アンナ・

ゼーガースなどの亡命活動の紹介そのものが、日本で拡大するファシズムへの抵抗そのものであった。

唯物論全書　一九三五年春〜

一九三三年春の第二回講演会解散命令後、その夏と秋に本郷の女子経済専門学校で「東京科学ゼミナール」を二回開催したあと、ピクニックを企画するだけで「あつてなきが如き観」の唯研企画部が、三四年の秋、唯物論講座の刊行を計画して動き始めた。

唯物論講座の刊行は、唯物論そのものを学ぼうとする多くの読者の希望で、「読者通信」欄には、「フランス唯物論哲学を翻訳」し叢書として「網羅的に、翻訳並びに刊行して頂きたい」（『唯研』第二四号、三四年一〇月）とか、「唯物論講座出版を鶴首する」旨の投書（『唯研』第二七号、三五年一月）が続いていた。

もともとそうした叢書刊行を考えていた企画部は、それらの希望にも応えようと出版社探しを開始したが応じる所は見つからず、企画部は秋の第三回総会で「唯物論講座の計画が出版所の都合上一時中止するの止むなきに至つた」が、「会としては新たな方針の下に、これに代わるべき計画を建て実行に移す」と報告した（「唯研ニュース」第一七号）。

戸坂はその頃、マルクスの思想と理論を「諸科学の百科全書的な体系」の新しい発展として捉え、上京前後から構想してきた「アンシクロペディア」たる日本の「百科全書」を具体化しようとしていた。……ディドロ、ヘーゲル、マルクスらの「百科全書」の思想、諸科学の分裂ではなく、それを総合する百科全書的な能力を身に付けない限り、「現実」の把握、その全面的な認識は得られない。文化・科学の総合によってこそ自由で明晰な判断力、科学的精神が育まれ、受動性・順応性を克服できるのだろう。「唯物論の百科全書的体系」を持つ唯物論講座あるいは唯物論全書が、今こそ必要だ……。

年が明け、ようやく二月の定例幹事会で、啓蒙期フランスの百科全書にならって「唯物論全書」を三笠書房から刊行することを決定した。科学を大衆化し、大衆を科学化することを通して、一層強まるヴァンダリズム[1]に抵抗し、文化と知性を擁護するのが目的であった。

戸坂は編集名義人を引き受け、岡邦雄、石原辰郎らに相談しながらもほとんどのプランを一人で立て、三笠書房との間で「月二冊づつの予約発行、定価八〇銭、印税一割」「新四六判布製、各巻平均二五〇頁函入、新鋳九ポ組」と決めたほか、編集費三分を唯研に入れて会の財政強化も狙うことにした。

「唯物論全書」はその春、『唯物論研究』第三〇号（三五年四月）の表紙裏で告知され、続く三一号の本文末尾に「予約募集　全一八巻　唯物論全書」として三笠書房の広告とその「刊行の辞」が二頁見開きで掲載された。

……唯物論の生い立ちはヨーロッパに於いてさえ百年に過ぎないが、「正に唯物論は歴史を正しい方向へ転ぜんとする時代の鍵である」。しかし日本に唯物論の総合的体系が樹立されていない現状に鑑み、「日本に於ける文化水準向上の先駆を努め、併せて国民の科学的見識の達成に寄与すべく」この刊行を企てた、「新鮮なる思想と溌剌たる科学の殿堂は、われわれのこの計画によつて初めて築かれると信ずるものである」……。推薦者として桑木厳翼が「私が推薦するのは聊《いささ》か奇異の観」があるがとしつつ「唯物論全書を推薦す／又と得難い参考書」とする短文を寄せたほか、小倉金之助、石原純（1881.1生、物理学者・歌人）、長谷川如是閑、谷川徹三、平野義太郎が名を連ね、全一八巻の書名と筆者名が紹介された。

予告通り新緑の美しい五月半ば、第一回配本として、石原辰郎・石井友幸共著『生物論』と甘粕石介著『芸術論』が刊行された。「唯物論全書」には月報が入り、石原の「唯物論的生物学」、石井の「生物学研究は道楽ではない」が随想的な小文として掲載された。

戸坂も甘粕も、予定通りの刊行に胸をなで下ろした。なにしろ甘粕の『芸術論』は、戸坂に押し切られて甘粕が内諾したものであった。ある研究会の帰途、戸坂が全書企画の話をして、甘粕に『芸術論』を書くよう強く勧めた。その分野で労作をもたない甘粕は「随分思い切った提案だな」と驚き、「無理ですよ」と断わったが、戸坂は「だめではないだろう。君はやれるよ」と一歩も引かなかった。甘粕はそれから一ヵ月、戸坂との約束を守ろうと近所の空き家にこもり、若さにまかせてほぼ一ヵ月で『芸術論』を書き上げたのである。新島繁が「新刊批評」（『唯研』第三三号、三五年七月）で、「幾分註文したい項目もあつた」としつつも「周密な論究を経た上で新たなる段階を示してゐる」と評価したことで、甘粕はようやく安心することができた。

表　唯物論全書（三笠書房刊）一覧

主に、『唯物論研究』『學藝』掲載の広告による。

〈第１次〉唯物論全書 18 冊（1935 年 5 月～ 1936 年 2 月）

書名	著者	刊行
生物学	石原辰郎、石井友好	5 月
芸術論	甘粕石介	5 月
無神論	秋沢修二	6 月
文学論	森山　啓	6 月
近代唯物論	森宏一	7 月
戦争論	堀眞琴、田中康夫	7 月
論理学	三枝博音	8 月
ファシズム論	今中次麿、具島兼三郎	8 月
明治思想史	三枝博音、鳥井博郎	9 月
自然弁証法	岡邦雄、吉田斂、石原辰郎	9 月
科学論	戸坂潤	10 月
現代唯物論	永田広志	10 月
数学論	今野武雄	11 月
技術論	相川春喜	11 月
現代物理学	石原純	12 月
歴史論	服部之総	12 月
科学思想史	岡邦雄	1 月
唯物論通史	松原宏	1 月

〈第２次〉唯物論全書 18 冊（1936 年 4 月～ 12 月）

書名	著者	刊行
比較憲法史	鈴木安蔵	4 月
社会医学	宮本忍	4 月
道徳論	戸坂潤、岡邦雄	5 月
古代社会史	早川二郎	5 月
外交史	信夫清三郎	6 月
農村問題	桜井武雄	6 月
古代哲学史	古在由重	7 月
映画論	岩崎昶	7 月
日本古代社会	渡部義通	8 月
言語学	高木弘	8 月
社会起源論	梯明秀	9 月
演劇論	新協劇団教育部	9 月
政治概論	堀伸二（注１）	10 月
文芸思想史	高沖陽造（注２）*	10 月
家族論	玉城肇	11 月
近世社会史	国府（住谷）亮一	11 月
民族論	松原宏	12 月
日本風俗史	田村栄太郎（注２）*	12 月

（注１）予告では大岩誠。
（注２）予告の法律論（山之内一郎）、考古学（禰津正志）は未刊。替って＊の２冊。

〈第３次〉唯物論全書 14 冊（予約募集時 20 冊）
（1937 年 4 月～ 1937 年 12 月）

書名	著者	刊行
性科学	太田武夫	4 月
仏教論	巌木勝	4 月
フランス唯物論	石川湧	5 月
音楽論	守田正雄	5 月
協同組合論	奥谷松治	6 月
文芸学	本間唯一	6 月
社会運動思想史	新島繁	7 月
日本哲学史	永田広志	7 月
現代哲学	古在由重	8 月
宗教学説	佐木秋夫	8 月
認識論	戸坂潤、山岸辰蔵	10 月
精神病理学（注１）	式場隆三郎	10 月
宇宙進化論	石原辰郎、其他	12 月
日本財政論	風早八十二	12 月

（注１）当初予定 20 冊外の刊行。
（注２）予告も、未刊７冊――教育論（山本燎）、法律論（山之内一郎）、技術史（岡邦雄）、統計理論（蜷川虎三・三野良信）、経済学史（河野重弘）、地代論（平田良衛）、価値論（坂本三善）。

しかし毎月二冊ずつ刊行するのは簡単ではなかった。第二回配本予定の『唯物論通史』の著者船山信一が五月に淀橋署に検挙されて翌月には市ヶ谷刑務所に送られ、急遽秋沢修二の『無神論』をあてることになった。しかし六月の第二回配本に間に合わせるため、初校を見ただけで下版しなければならない秋沢には不満が残った。実際、刊行時には四八ヵ所もの誤植訂正表を挿入しなければならなかった。さらに「全書刊行事業」全体の「序論」にあたる戸坂の『科学論』さえ、その秋の第六回配本となった。

戸坂は百科全書的理念にもとづくこの『科学論』に、「科学」についてのこれまでの思索の総決算の意味をもたせようとし、広い視野のもとに自然科学と社会科学との内的関連をとらえて科学の全体像を浮き彫りにしようとした。そのためには時間が必要だったのである。

戸坂はこの『科学論』で、科学とは実在についてのある組織的な認識だが「学問乃至科学一般はその理念から云って唯一で単一な統一物でなくてはならぬ」という立場から、現代における学問の分化・分裂の状況について述べたうえ、「凡《およ》そ科学なるものを統一的に体系化し得るものは、ただ唯物論だけだという結論になる。技術的範疇の特色である範疇の共軛性が之を能《よ》くするのである」(『戸坂潤全集』①、一三六ページ)と主張した。

最終配本に回された『唯物論通史』も、船山に替って菅豁太(筆名・松原宏)が執筆することになったものの、原稿締切りが近づいても序論しか仕上がっておらず、古在由重が『唯物論研究』に連載した「講座・唯物論の原則について」(次項参照)を提供してようやく間に合わせることができた。こうした苦労の末に、翌三六年一月「第一次唯物論全書」全一八巻が完結したのである。

「唯物論全書」は、従来の左翼文献が姿を消すなか、若い青年学徒を含めて知識層に広く歓迎されて予想外の好評を博し、「第三次唯物論全書」まで全五〇冊が刊行された。

啓蒙努力　一九三五年春〜初夏

「唯物論全書」の広告が出た『唯物論研究』第三一号(三五年五月)から、古在由重(筆名・山田鉄夫)の誌上講座「唯物論の原則について」が全五回の予定で始まった。啓蒙活動の一環としての誌上講座は八ヵ月ぶりの再開であった。

『唯物論研究』の誌上講座は二年前の秋、第一三号（三三年一一月）で初めて試みられた。その「編集後記」には「之からは出来るならば毎月」掲載したいと意欲的ではあったが、初発の講座は一回だけで終了（永田広志「弁証法の核心としての対立物の交互浸透の法則とは何か？」）、ひと月あいて戸坂の「哲学の話」が三回、石井友幸の「進化論の話」が四回連載で続いたが、そのあと「毎月掲載」の表明にかかわらず途切れたままになっていた。

誌上講座再開を期して、岡邦雄が千葉県夷隅郡の長者町に古在を訪ねた。岡は、この二月に『赤旗』が停刊に追い込まれ三月には弾圧によって共産党そのものが壊滅して、古在が活動の場を失っていたのを知っていたし、年末に大量に出た退会者を少しでも回復させたいとの思いもあった。岡は長者町で細い字で埋められた古在の旧い大学ノートを読んで感心し、『唯研』への掲載を「是非とも」と頼み込んだ。

古在は二年前に治安維持法違反容疑で逮捕されて全ての教職を失い、しばらくして釈放されたものの両親を立て続けに亡くしたうえ、古在自身、急性心内膜症と右側肺尖カタルを悪化させ、前年秋から長者町で静養していた。古在が力を入れてきた党支援の活動が『赤旗』停刊・党壊滅で断ち切られ、今後の生き方・活動のあり方を思案していた時でもあった。岡の来訪と旧稿の掲載依頼に、古在は熱海事件のあと虐殺された共産党幹部岩田義道の「哲学研究を捨ててはいけない」という忠告を思い出し、少し躊躇はあったが旧い大学ノートに手を入れて、岡に送った。岡は古在のノート原稿を入手すると、「御陰様で『唯研』の内容刷新が緒に就くことになりました。

厚くお礼申し上げます」との礼状を送った。

本間唯一がこの春、佐渡から上京して唯研事務局に入った。本間は唯研創立時に戸坂の入会勧誘を断ってはいたが、大谷大学時代の友人岩倉政治が送ってくる『唯物論研究』を読み、さらに法大を解職された戸坂の唯研での獅子奮迅ぶりを知ってようやく決心したのであった。ちょうど唯研は、機関誌の充実や「唯物論全書」の刊行、図書室の開設準備などがあり、本間の事務局入りは大歓迎された。本間は七月から、出版部長と庶務部長を兼ねる刈田新七に替って「唯研ニュース」の編集責任者となった。

本間が上京した三五年の春、定期的な論文募集が始まった。狙いは「一つには本会の研究の大体の方向のデモンストレーションとして主要なテーマを示し、一つにはそれに対する一般の関心と水準と埋もれた研究を知らんがためである」(『唯研』第二九号、編集後記)とされた。その第三次募集として「自然科学と技術との関係の問題——自然弁証法との関連において」(締切り三月)、第四次「現代における人間学的思想に対する批判」(同六月末)、第五次「フランス唯物論者に関する研究」(同九月末)と告示された。定期募集の初発が「第三次」とされたのは、三三年の秋に「自然科学論文」、翌三四年春に「哲学論文」を、「四百字三〇枚、当選者に金二拾円進呈」として募集したためである。その二回とも当選者はなかったものの自然科学は四論文、哲学論文は「予想以上に多」い実績があった。

しかし第三次以降の募集結果は思わしくなく、読者から「課題設定主義では応募範囲が狭くなる。テーマ自由とし常時募集した方が優秀論文の出現につながる」（『唯研』第三四号、三五年八月）との意見がでる始末であった。この意見の採否は不明だが、それ以降『唯研』や唯研ニュースに、論文募集に関わる記事と話題は消えた。応募数あるいは応募論文の内容が、期待に沿わなかったのかも知れない。

入梅の頃、念願の図書室が新設された。翌月には図書室利用規定もでき、日曜日を除く平日の午後に開放、雑誌は室内閲覧のみ、書籍貸出しは三冊・二週間などとされた。

図書室開設以前の図書資料は資料部が「研究活動の源泉」を充実させようと創立時から努力してきたが、乏しい財政がネックになって書籍・資料蒐集は寄贈に頼らざるをえず不十分な状態が続いていた。そのうえ貸し出した書籍の多くが返って来ないという問題があった。ようやく蔵書が三〇〇冊ほどになり、半分近くが貸し出されるようになったが、その内の一〇〇冊ほどは借用者不明という状態で、新刊の書籍・雑誌などは「恰《あたか》もかげらうの如く朝に着き夕に姿を消しそして永遠に帰り来らない」（「唯研ニュース」第二〇号）と資料部が嘆く状態であった。やむなくこの二月からは雑誌類は「貸出し禁止・室内閲覧のみ」としたが、書籍の方は相変わらず「行方不明」が多く、資料部の悩みは続いていた。

資料部長の森宏一は研究条件充実にむけて前年秋の第三回総会で、「資料収集は不振だが、次年度は図書室建設まで発展せしむる」と決意を語り、その後わずかに予算もとって『モスコー・ニュース』や『モンド』などの洋雑誌を定期購入し、この春には幅五メートル、高さ三メートル

唯研マーク

の書棚も設置することができた。さらに研究の便宜のために、これまで散発的であった『唯研』誌上での文献紹介[2]も連続して掲載するなど努力を続けてきた。

森は今回ようやく実現した図書室新設で寄贈蔵書が増えることを期待しながら、その夏「借用者不明図書名一覧」を唯研ニュース第三〇号に掲載して「不明図書公開捜査」を開始した。

同じ頃、募集していた「唯研マーク」が「唯研ニュース」第二九号（三五年七月）と『唯物論研究』第三五号（三五年九月）に発表された。不死鳥フェニックスを図案化して「唯研マーク」を作り上げたのは、戸坂の中学時代からの親友渡辺進であった。

この春戸坂が「唯研のトレードマークを作ってはどうか」と言い出し、刈田新七がすぐ乗り気になって、「題材―フェニックス、意匠―任意、採用―一通、締切―六月末、謝礼―『唯研』特製原稿用紙壱千枚」という募集広告を出した。「精神はその活動によって自身の古い形を崩壊させ、以前の姿の灰の中から新しい、若返った、一段と高い精神が現れるのである」。刈田も石原辰郎も、戸坂が「ヘーゲルがね、フェニックスに論及しながら『歴史哲学概説』で、そう書いているんだよ」と話すのをよく聞いていて、フェニックスを募集条件にしたのだ。

しかしできあがった「唯研マーク」は、フェニックスにも見えるし、ハトにも見えた。「渡辺さんと戸坂さんが相談して、戦闘的で攻撃的なワシでなく平和を象徴するハトにしたのではないか」というのが森宏一の解釈だった。

「唯研マーク」は翌年の三六年一月号（第三六号）から廃刊になるまで、『唯物論研究』の表紙を朱色インクで飾った。

おけさほど…… 一九三五年夏〜三六年一月

その夏戸坂は、マルクス・エンゲルスの『ドイツ・イデオロギー』にならった『日本イデオロギー論』を白楊社から刊行した。中扉に「現代日本に於ける日本主義・ファシズム・自由主義・思想の批判」とあるように、戸坂の意図は、現代日本のファッショ的「日本主義」（紀平正美、鹿子木員信ら）とそれに随伴する「自由主義」（西田幾多郎、田辺元、和辻哲郎ら）とを唯物論の観点から批判・検討することにあった。伏せ字が多々あるが、心ある人々には論点の中心は把握できるだろうと、戸坂は確信していた。

八月に入って戸坂は、岩倉政治（筆名・巖木勝）夫妻と一緒に佐渡の本間唯一の実家に数日間逗留した。佐渡では少人数での座談会に応じ、求められて「おけさほど唯物論はひろがらず」と慣れぬ揮毫をしたが、海岸線を散策したり偶然来合わせた女子学生らと「おけさ」踊りを見たりして、極力新聞も見ずにのんびり過した。

しかし帰途の船上でみた地元紙には仰天した。「佐渡の夏期大学で講演した元法政大学教授戸坂潤氏と新進評論家巖木勝氏が、本日新潟市内で大講演会」と報じていたのだ。佐渡は談話会のようなもの、新潟では『信江文藝』の関係者に話をするだけで、もとより「大講演会」などではなかった。たしかに会場のイタリア軒の玄関には「戸坂潤氏と巌木勝氏に物を訊く会」という看板は出ていたが、集まったのは『信江文藝』に関係する二五、六人だけであった。

終了後、河岸をかえてビールを飲みながら、全協（日本労働組合全国協議会[3]）で働き検挙後に「ナカ」（監房）で親鸞に転向した男と無神論論争をやり、宿舎に戻った時は翌朝三時になっていた。論争は楽しかったが、新潟市内の古本屋、新本屋を回っても『唯物論研究』を置いている店がなかったのが、この「大講演」旅行の唯一の心残りであった。……このご時世、やはり「おけさほど唯物論はひろがらず」なのか、いやいや「佐渡おけさほど」広げたいものだ……。

創立満三年を迎えた唯物論研究会は一一月一〇日、日曜日の午後、日比谷市政会館鶴水を会場に第四回総会を開いた。参加は二一名で、開会は予定より一時間近くも遅れて午後二時となった。岡邦雄の挨拶のあと、事務長の戸坂が会員減の状況と合わせてその克服策を含む一般報告を行った。会員が五〇名ほど減ったこと、新設した『唯物論研究』直接購読者制度が約一〇〇名になっていること、本間唯一の入局や幹事移動などを報告し、これまで非売品としてきた「唯研ニュース」を出版物扱い（定価一部三銭）として広範に頒布する規約改正案を提起した。議案や予算案の緊急動議、推薦幹事などが満場一致で承認されたあと、研究活動重視の一環としてこの総会から新しい試み「各部研究報告　回顧と展望」が行われた。自然科学部門を岡邦雄、社会科学部門を秋沢修二、文学部を徳永郁介、哲学部を森宏一が、それぞれの部門の「回顧と展望」を簡潔に報告した。

総会から一〇日ばかり経ったある夜、「唯物論者は常に朗らかであらねば」が持論の戸坂の発案で、第一回の唯研茶話会が図書室で開かれた。研究会に出席するような難しい気持ちでなく茶を飲みながらくつろいだ気持ちで、会員相互の親睦をはかろうというのが戸坂提案の趣旨であったが、欲を言えばこの交流親睦会が「おけさほど」に影響を広げる力になればとの密かな思いもあった。

「唯研の長老」宮地八峰（五七歳）が茶話会の責任者となり、会費一〇銭、主に映画、演劇、小説の批評会を中心に、たとえそれが四方山話になっても十分有意義であろうということになった。この日の第一回茶話会では、参加一五名全員が自己紹介をかねたテーブルスピーチで打ち解けたあと、徳永直の「逆流に立つ男」（『文藝春秋』一一月号）、島木健作の「生活」（『文學案内』一〇月号）、新協劇団の「石田三成」などが話題になった。江口渙（1887.7生、小説家）も途中参加の岡邦雄も話に花を咲かせ、次回以降は脚本の朗読をやろうとか、観劇や映画鑑賞会をやろう、月に一回は開こうなどの話も出て、終わってみれば定刻一〇時をはるかに回っていた。

「月二」の要望もあって、さっそく一二月半ばに第二回茶話会が開かれた。雨の夜にかかわらず、第一回を超える二五、六人が参加した。この夜は徳永郁介が「徒然草物語」の話題を提供したが、秋田雨雀が新協劇団が上演したばかりの「断層」を批判すると、劇団の仁木蜀人が参加していたこともあり、もっぱら新劇の話が中心になった。脚本や舞台、演出などの劇一般の話から、新協劇団の内輪話ややりくりの苦労話など、普段では聞けない珍しい話も出たが、「断層」を見た参加者が少なかったため、新協劇団の一月公演「ファウスト」は皆で見て、次の茶話会を開くことになった。

年明けの五日、戸坂に女児・月子が誕生し、七日に茶話会の「ファウスト」観劇会があった。千田是也演じるメフィストの皮肉に富む破壊性と大胆奔放な行動、いかにも聖者らしく陰気な室に閉じこもり魔女の杯で性格を一変する滝沢修演じるファウスト、五場と六場は省略されたにもかかわらず終演が夜半の一二時を過ぎた。上演時間が長く終演時間が夜半になったこともあって、「ファウスト」初演の評価は唯研内でも分かれた。

刈田新七が、風邪のため「ファウスト」を観劇できなかった石原辰郎を見舞った。三九度の熱と聞いていたが石原は思いのほか元気で、「日本には本当の自然主義文学と言えるものはない」などと移植文学論を展開し始めたので、刈田は「余りしゃべると、ぶり返すぞ」と程なくして退散した。しかし新宿まで歩いて行くと、突然巡査が背後から肩に手をかけて「少し歩くのが速すぎる」とたしなめた。刈田はかまわずに歩き出したが、内心「歩き方まで統制するのか」と腹立たしかった。時代の統制はそこまで進んでいたが、唯研の活動が衰えることはなかった。

一月下旬、松原宏著『唯物論通史』と岡邦雄著『科学思想史』が刊行されて、唯物論全書一八冊（第一次）が完結した。戸坂ら唯研幹事会は新たな全書一八冊の構想を立ててすでに執筆者の内諾を得て準備を進めていた。三笠書房もまた好調な売行きに意を強くして戸坂らの新たな構想を第二次唯物論全書として刊行することを決めた。さっそく『唯物論研究』第四一号（三六年三月）に、「凡ゆる知識分野に健闘せむとする者の最良の武器」と銘打った第二次唯物論全書の予約募集広告がでた。「第二次唯物論全書刊行に際して」は意気高いものであった。

「現在の日本に於ける読者大衆がその読書眼の奥底に於いて、唯物論がもつ代位すべからざる迫真力と綜合力を、更に押しも押されもしない批判力とに、現代の読者大衆がどれ程深甚な期待を持つてゐるかは、已にわれわれが完了した第一次の『唯物論全書』のめざましい購読力によつて見事に実証された」。創造的な力作が揃ったこともあるが、「それればかりではなく、正に唯物論そのものの現代に於ける、否、寧ろ永久に亙る絶大な意義が日本に於ても今や的確に知れ渡つたからでなくてはならぬ。かかる待望の裡に今日われわれは第二次『唯物論全書』の刊行を決定したものである」。

この広告には「第二次唯物論全書」の第一回配本の案内とともに、校閲訂正を経た「第一次唯物論全書」の予約再募集も合わせて掲載された。

二・二六事件　一九三六年二月〜

二月二六日、陸軍内の皇道派の青年将校二〇余名が兵一四〇〇余名を率いて、首相官邸、警視庁、朝日新聞社などを襲撃して、内大臣斎藤実、蔵相高橋是清などを射殺する事件が起きた。「昭和維新」「尊皇討奸」をスローガンにした軍部ファシストによるクーデター、二・二六事件である。軍部は力を増し、寺内寿一陸軍大将は新たに採用された陸海軍大臣・次官の軍部現役制を盾に、広田弘毅内閣への入閣条件として、国防充実、国体明徴、自由主義の排撃を求めた。その結果三月に成立した広田内閣は「自由主義の排撃」を声明して、言論、集会、結社の自由を厳しく制限、五月には思想犯保護観察法を公布し、準戦時体制に突入していった。

皇道派は陸軍内でもとりわけ反ソ反共が強く、権力を握れば「左翼の残存勢力」を一掃する挙に出るのは明らかだった。二・二六事件の朝、ソ連大使館で働いていた秋沢修二は雪のなかを大使館まで行ったが、おおぜいの「私服」がはりついているのを目にして危険を感じ、すぐに自宅に引き返した。秋沢は妊娠で腹の大きい妻を連れ出し、叢文閣や白楊社を回って原稿料をかき集め、伊東の温泉に身を隠した。

この日の夜に予定されていた第四回の唯研茶話会は中止となった。有志たちがこの日に向けてアンドレーエフの戯曲「星の世界へ」の朗読劇（レーゼドラマ）の猛練習を重ねてきたが、皇居周辺で国民に銃を向けた兵士の群れが雪のうえに腹這う状態では中止はやむを得なかった。

クーデターと戒厳令に身の危険を感じたのは戸坂も同じであった。戸坂は本間唯一と相談のうえ、二八日に予定していた戸坂の特別研究会（唯研レクチャ）『反デューリング論』輪講、続く二九日の哲学部研究会「道徳の問題」を中止にして、光成秀子の下宿に一時避難したあと彼女の郷里広島県沼隈郡水呑村（現福山市）にしばらく避難した。『読売新聞』の「一日一題」を担当し政治化する時代の危機を警告していた三木清もまた、短い期間ながら三重県の妻の実家・東畑家で都下の騒擾を回避した。

秋沢修二が伊東の潜伏先で検挙された三月、ソ連大使館に勤務していた黒田辰男（1902.7生、露文学者）、河野重弘（1903.9生、社会運動家）なども逮捕されるソ連大使館事件が起きた。『朝日新聞』夕刊（三月一三日）が「駐東京ソヴェート大使館員中の情報網発覚」とする記事の中で、関係職員の多くが「本邦唯一の左翼外部団体である唯研」に関係していると報じた。研究集会の中止はなお継続していたが、唯研としてその日のうちに記事の取り消しを申し入れ、「一学会としての唯研の活動は公開的であり、会員は又悉く一市民として公明なる生活の上に、会の研究活動に参加」している旨のコメントを出した（「唯研ニュース」第四三号、三六年三月）。

二・二六事件を契機に、とうとう「抄読会」が頓挫した。主として外国語の論文を紹介・抄読して各自の研究に役立てようという趣旨で昨夏から当初は「雑誌会」として企画したのだが、あまりうまく趣旨が徹底できずに、森宏一のニコライ・ハルトマン「オントロギーの基礎づけ」が秋に一回開かれただけだった。一一月の第四回総会で戸坂が立て直しを呼びかけ、森が担当していた毎週土曜日の特別研究会（唯研レクチャ）「ヘーゲル哲学」を休んで新たに「抄読会」として再出発することにしたが、結局年末と年明けに計三回実施して、「当分休むこと」なったのである。今後は「抄読会」の趣旨を広義に解釈して、各部研究会に含めていくことになった。

人民戦線　一九三六年春〜

各部研究会と特別研究会（唯研レクチャ）が四月初旬になってから、各曜日にしたがって順次再開された。しかし岡とそれに続く戸坂の報告「道徳論」はそれぞれ二〇名近くの参加者を得たものの、なお続く戒厳令の影響なのか他の研究会は一〇名に満たないことが多くなった。

六月九日、二・二六事件で中断していた第四回茶話会が唯研事務所で開かれた。新島繁らの詩の朗読のあと、レーゼドラマ「星の世界」が上演された。新協、新築地両劇団から応援と指導を受けただけに、メーキャップもアクションもなくただ戯曲を読むだけなのにまずまず楽しめる催しとなった。レーゼドラマ上演を企画した戸坂は、ドラマ全体を監督する必要があるからと、観客席に回った。戸坂に端役に駆り出された石原辰郎はそれが唯一の不満であった。

七月半ば、『日本資本主義発達史講座』（岩波書店）に執筆・参加した山田盛太郎、平野義太郎、小林良正、相川春喜ら三十余名が逮捕されるコム・アカデミー事件が起きた。この逮捕は、ソ連のコム・アカデミーにならった組織のメンバーであり、共産党員と協力して党の理論問題を研究したというのが理由であった。この事件によって、唯物論にかかわる研究自体が「アカ」に組みするもので、もはや危険だという認識が広範に及び、研究会参加者の足をさらに止めた。

しかし唯研はだからこそ一層慎重な構えで、活動のペースを落とさず、特別研究会（唯研レクチャ）など啓蒙と研究活動を続けた。『唯物論研究』の編集後記さえ、こうした「慌ただしい政治的転回」には一切触れずに、いまや唯一の民主的文化団体となった「唯研」を守ろうとした。

唯研の研究会風景、中央に戸坂潤（1936年6月頃）

一方、萎縮する知識人たちをやや慰めたのは、二月にスペインの総選挙で人民戦線派が勝利して共和左派諸党内閣が発足し、三月にはチリ人民戦線が結成され、六月にはフランスで人民戦線内閣・ブルム内閣が成立したことであった。

『改造』七月号が「人民戦線と日本」を特集し、『中央公論』も九月号で「日本人民戦線の胎動」を特集した。「フランスとスペインにおける人民戦線の勝利は、国際的にも大きな意味を有つ。何故ならば、全世界のプロレタリアートは、その勝利から、ファシズムの進撃に対して如何に闘ふべきかを学ぶと共に、彼ら自身の力の無限の強さを再認識する機会を有ったからである」。「まだはっきりした形をとって現われてゐないが、労働者・農民及び小ブルジョアの広範な層の間に、反ファシズム戦線結成の必要が痛感されつつあることは疑ふ余地のない事実である」（『改造』、鈴木東民筆「人民戦線は進展する」、『雑誌「改造」の四十年』光和堂刊より）。

ファシズムとどう闘うか。戸坂はこの時期、「所謂『人民戦線』の問題」を書き、「人民戦線的文化運動」についての解明を試みた。……「少なくとも人民戦線という声は今日、労働者大衆の進歩的層の凡《すべ》てに行き渡っている」、そしてインテリ層にもまたこの声は高い。「或る意味に於ける人民戦線への待望は日本に於ける一切の進歩的な分子の最近の常識となっている」。これは待望の対象ではなく実行の対象であるが、しかし今その実行者はいない。人民戦線の運動ではなく、人民戦線への運動のイニシアティブこそ今求められている。人民戦線的な文化運動は、本来「政治上の人民戦線」が成立していなければ不可能だろう。しかし人民戦線の政治的成立を待たずとも、それに先だって文化運動はある程度の役割を果たすことはできる。文化活動の形態は文化的自由主義にあり、その特色は政治活動から独立し、独自の活動を通じて間接的に政治活動に参加または同伴する。その意味で人民戦線的文化運動が政治上の人民戦線を先回りすることができるし、実行されなければならない。「その実行の内容となるものは、文化活動の公然たる社会的組織化と大衆の壇に立つ文化内容＝文化の大衆性とである」（『戸坂潤全集』⑤、四六―四九ページ）。

唯研に出入りする者のあいだでも、人民戦線の問題はよく話し合われ、よく論じられた。しかし『唯物論研究』には、意識して反映させなかった。問題は大衆の文化性である。いまこそじっくり腰を落ちつけて学問と唯研を守り抜き、基礎的な理論の研究と啓蒙の活動を持続させなければならない。そのことは幹事の誰もが熟知していた。

『土曜日』　一九三六年夏

祇園祭を前にした七月、京都でタブロイド新聞『土曜日』が刊行された。

ある日の『世界文化』の月一回の合評会で、久野収が「『世界文化』は良心的と言うが、せいぜい五百人の読者。しかも赤字続きで、あかんじゃないの」と言うと、能勢克男と中井正一も「久野の言うとおりだな」と応じた。あれこれ話がはずんだ結果、新村猛と禰津《ねづ》正志（1908.11生、歴史家）らにフランスの『金曜日』を研究してもらい、同じようなものが出せるかどうか考えよう、ということになった。『金曜日』というのは、フランス人民戦線の週刊新聞として昨三五年の秋から発行されていた『ヴァンドルディ』（金曜日）のことで、一〇万人の読者をもつ大衆的な啓蒙文化新聞として、ブルム人民戦線内閣成立に大きな力を発揮していた。その週刊『金曜日』の動向を、新村猛と市村恵吾とが『世界文化』（第一七号、三六年五月）に、紹介したばかりであった。

ちょうどその頃、下賀茂撮影所の大部屋俳優斎藤雷太郎（1903.10生）らが所内で発行していた「読者の書く新聞」『京都スタヂオ通信』が、読者減のため経営に行き詰まり、その執筆者のひとり能勢克男にその援助方を懇請してきた。能勢には「渡りに舟」の幸運であった。……『京都スタヂオ通信』をうまく引き継げれば、時事問題を扱うための最大の問題、新聞紙法による五〇〇円の供託金納入も解決できるし、『京都スタヂオ通信』の「読者の書く新聞」という精神も引き継げる……。

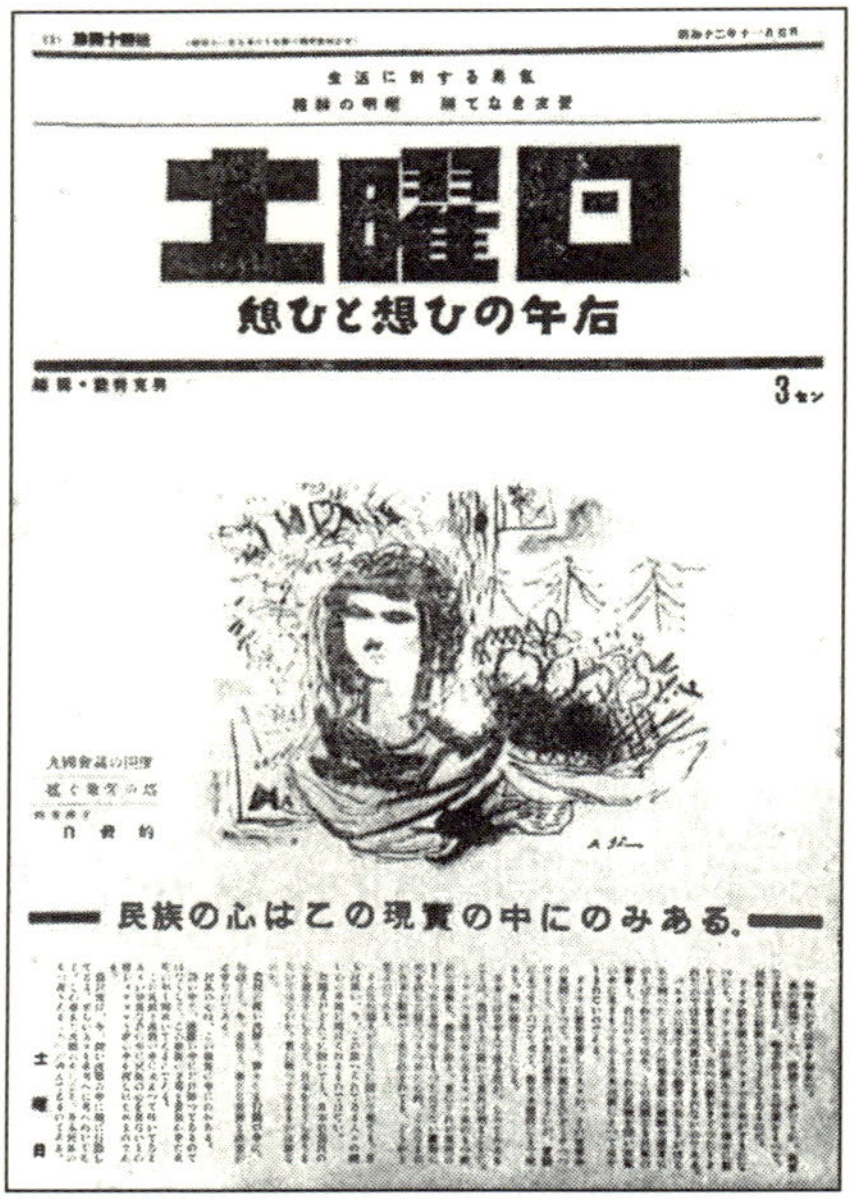
生活に對する勇氣
精神の明斷　隔てなき友愛
土曜日
憩ひと想ひの午后
3セン
民族の心はこの現實の中にのみある。

『土曜日』第44号、1937年11月5日

能勢はさっそく中井、新村らに連絡を取り、京都朝日会館で相談会をもった。話は難なくまとまり、紙名は『ヴァンドルディ』（金曜日）にならって『土曜日』、編集は能勢と中井が担当し、編集印刷発行人は斎藤とすることに決まった。編集担当を少数にしぼったのは、四、五人いては警察の眼を引くからであった。『土曜日』の創刊号は、七月四日に発行された。[4] 毎月第一と第三土曜日の二回刊、一面は表紙、二面の文化欄、三面映画、四面婦人、五面社会、六面は「くらぶ」という娯楽欄を設けたタブロイド判六ページ建て、売値は一部三銭であった。アンリ・バルビュス主宰の仏誌『モンド』に倣った創刊号の表紙は、こころ温まるものであった。上部には小さく「生活に對する勇氣」「精神の明断」「隔てなき友愛」の三つの標語が置かれ、その下にゴシック大文字で「土曜日」、やや小さく「憩ひと想ひの午后」と副題が印字され、中央には伊谷賢蔵（戦後「行動美術」主宰）の木版画が置かれていた。その表紙絵の下に「花は鉄路の盛り土の上にも咲く」と題した巻頭言があった。

巻頭言はそれ以降中井と能勢の二人が交替で担当し、毎号「生きて今此処に居ることを手離すまい」「人間を見くびること、それが一番軽蔑に値する」などと標語のような題を掲げ、それにふさわしい味ある二人の文章が『土曜日』のひとつの「売り」となった。一般の執筆者としては『世界文化』の新村や禰津はもちろん武谷三男（1911.10生、理論物理学者）、辻部政太郎（1905生、映画演劇評論家）、市村恵吾、さらに谷口善太郎（1899.10生、作家）や西谷宗雄（医学博士）らが協力者となった。

『土曜日』の編集発行人となった斎藤雷太郎が、そうした執筆者たちに望んだのは、時流に抗する合理的な姿勢とともに「わかりやすさ」であった。斎藤自身小学校さえ満足に出ておらず、そんな人間にも理解できるように平易に書くよう「学者先生」たちに注文をつけ続けた。『土曜日』はその意味でも、根性をもった庶民・大衆と進歩的思想をもつ知識人とのぶつかり合いから生まれた「文化新聞」であった。

『土曜日』は当時の喫茶店のハシリ「新興喫茶」にも置いてもらった。売れれば定価の半分一銭五厘が喫茶店の取り分になるため、「本日『土曜日』出来」と看板を出す喫茶店もあった。毎日新聞の森正蔵記者（1900.7生）の妹が開いていた河原町の音楽喫茶「ランチェラー」では毎週五〇部ほどが売れた。喫茶店に出入りするサラリーマンや庶民がよく読み、全国から郵便での注文も増え、当初の三〇〇〇部がたちまち七〇〇〇部になった。

『土曜日』は「編集者は与え、読者は受け取る」という従来の新聞を抜けだし、「すべての読者が執筆者」になり、「数千の人々の耳となり、口となる」ことをめざして、編集者と読者との相互批判を通じて紙面を向上させようとした。そのことで天皇制ファシズムの思潮に巻き込まれない、人間らしい行動を模索しようとしたのである。それは「みんなで考え、みんなで書き、みんなで行動する。そこから新しい情念と思考と行動のスタイルを生み出す」という中井正一の「集団的主体性」の試みでもあった。禰津正志に「『土曜日』はなかなか好調だよ」と言われるたびに、『世界文化』の久野収はクサった。

新島繁がさっそく「唯研ニュース」（第五二号、三六年八月一日）に紹介記事を書いた。新島は発刊の由来や紙面構成、三つの標語などを紹介したうえ、『土曜日』は「広く勤労大衆に向って、批判的反省と新しい教養と社会的協働の精神とを呼びかけようとしてゐる」と書いたが、気持ちとしては『土曜日』がうらやましかった。巻頭言「花は鉄路の盛り土の上にも咲く」の小憎《こにく》らしいほどの妙文、キビキビした社会評論や文芸時評、新鮮な国際ニュースもある編集のうまさ。脱帽する思いであった。京都に先鞭をつけられた形だが、東京でも試みるべきで、さしずめ「唯研ニュース」を大拡張してもいいのではないかと思うほどであった。新島は「『土曜日』の発刊を祝すると同時に、かうした待望の切なるものを覚える」と紹介記事を締めた。

しかし当局には、インテリ向けの五、六百の『世界文化』より、『土曜日』のような大衆週刊紙の方がより「危険」であり、警戒を怠ることはなかった。それでなくとも京都という町は、政治や産業ではなく文化・学芸を中心にした都市だけに、自由主義的な雰囲気が根付いている。京都帝大、同志社大、府立医大、龍谷大、大谷大、三高……、当局には、それらすべてが左翼分子を輩出する土壌、共産主義者の温床・培養地のように見えていたのである。

「ブック・レヴュー」　一九三六年夏

京都で『土曜日』が創刊された頃、東京の『唯物論研究』第四五号（三六年七月）は、これまでの「新刊紹介」欄を「ブック・レヴュー」に変えた。その編集後記には、五月号の読者の意見を採用し「資料部が担当して広く短くレヴューする方針にした」と、その理由が手短に書かれていた。

　この新刊紹介欄には、なんどかの変遷があった。「新刊紹介」欄は創刊第二号（三二年一二月）からその掲載が始まったが、「凡ゆる紹介は批判である、いや批判でなければならぬ」として、第一五号（三四年一月）からは「新刊批評」に改めた。「所がこれには好ましからざる結果を醸成する附帯的原因が胚胎してゐた」として、二年後の第三九号（三六年一月）から「旧に復する」として再び「新刊紹介」に戻された。「好ましからざる」というのは、「批評にことよせて紹介者の誤れる偏頗な意見を主張し過ぎて正当な紹介でなく」なり、セクト的偏狭性や「鼻持ちならぬ町人的提灯持ち」が現れ、「正常な発達を阻害」して「機関誌の腫物」となり、その切開が必要になった、というのである。

　しかし「新刊紹介」に戻して半年弱、第四三号（三六年五月）の「読者のスペース」に「新刊紹介欄はやはり『新刊批評』又は『ブック・レヴュー』とした方が良かつた」との意見が載った。「編輯についての私見」と題された投稿者のこの主張は、この欄は一定の見地から良書かどうか「一般の大衆に報告する所に在る」のだから「紹介者の見地が相当入て来るのは止むを得ない、否、それだから新刊紹介の価値があるのだ」と明快であった。

それまでの「新刊紹介」「新刊批評」、旧に復した「新刊紹介」とも、取り上げる新刊本はせいぜい一、二冊、多いときでも最高五冊程度であった。直近の「新刊紹介」も取り上げたのは二冊、松原宏著『唯物論通史』（第一次唯物論全書）と小林良正著『露西亜社会経済史』（章華社）で、それぞれ七ページ、五ページに及ぶ論文形式であった。

「新刊紹介」「新刊批評」をクリティシズムの一分野として考えていた戸坂は、この際ブック・レヴューという響きのいい名を採用しようと思った。……その本が出版された文化上の意義、その背景にある文化的実質の評論などを通して、新刊紹介欄をさらに充実させ権威あるものにしよう、書籍選択に便宜を欠く地方会員に「良書を推薦し、悪書を批判する」ためにも、毎号一〇冊から二〇冊程度を簡潔に取り上げれば地方会員は歓迎するだろうし、必ずしも新刊だけではないが書籍に現れた最近のイデオロギー状況もわかるはずである。あらゆる文化団体が消滅させられ、『文学評論』『社会評論』も廃刊の危機にある今、このブック・レヴューが少しでも「文化の大衆性」に役立てば……。

こうして総ページ数にして一四から二一ページに及ぶ十数冊の簡潔な紹介・批評欄「ブック・

レヴュー」が始まった。

　しかしこれを毎月続けるのは苦労が多かった。幹事会兼編集会議で選定した十数点を、有力な会員にも協力の依頼はするが、大部分は幹事たちが一、二冊ずつ分担して、読み、構想をまとめ、手早く書かなければならない。原稿はなるべく短く抑えるよう制限されるうえ、著作の内容、特徴、意義などをお座なりでなく簡潔にまとめなければならない。最初の「ブック・レヴュー」（第四五号）で取り上げた一二冊のうち戸坂が四本、次の号では伊藤至郎が三本を担当した。伊豆公夫などは割り当てられたものは、たとえ不得手な分野でも「勉強になる」と何でも引き受けたが、やはり幹事の負担は大きかった。しかもエネルギーのいる仕事の割に、原稿料は一本一円、今の価格で言えば一〇〇〇円にもならない「破格の安さ」であった。幹事をはじめとする執筆者たちの使命感と熱意だけがこの「出血原稿」を可能にさせ、一種当時の学芸界の鳥瞰図ともいえる「ブック・レヴュー」を成り立たせたのである。

　それだけに、店頭で書籍選択のできない地方読者からは、すぐに歓迎の声があがった。「良書の推薦とともに悪書の徹底批判を」とか、「出来たら、雑誌の論文紹介も加へること」などという注文もついていたが、「『ブック・レヴュー』欄は素晴らしい出来栄えである」「多く新聞広告の宣伝文だけによつて、目当をつけて買ふのであるが、その結果、非常な悪書をツイ高く買はされることが再三ならずある」ので「かかる欄の創設は、非常に有難いものと思ふ」（第四六号「読者のスペース」一九三六年八月）と評判は良かった。

その夏、戸坂は前年に続いて佐渡への小旅行を楽しんだ。今回のお供は森宏一と堀眞琴（1898.5生、政治学者）の二人で、佐渡で合流した本間唯一が相川の金山などを案内した。金山では戸坂が案内嬢に熱心に質問した。その熱の入れようは「戸坂はそのうち『金山採掘行程に就て』などと銘打って研究会で報告するのでは」と森が思うほどであった。一方、地方にいけばその土地の産業の実態視察を唯一の楽しみにしている堀眞琴にとっては、船酔いと戸坂の大鼾に苦しんだあげく、金鉱石採掘の労働実態が見学できず、ただ名所めぐりに終わったのが心残りであった。

その後三人は直江津に渡り、高田の旅館で昨夏同様『上越文學』を中心にした二〇名ばかりを前に座談会に臨んだ。すでに「講演会」と銘打っては当局が許可しなかった。戸坂はその分長々と「文学に於けるモラル」を話し、堀はスペインの政治史を講じたが、戸坂の長講のせいで時間が不足して中途半端になり、森は喋らずにお開きになった。森には無念さが残り、スペインやフランスの人民戦線の話から日本の問題に進むつもりだった堀にも悔いが残った。ただ参会者に「唯研ニュース」を配布し、唯研のなんたるかを知ってもらえたのが、せめてもの慰めであった。質問や意見交換、色紙への揮毫などを終えると、すでに日付けが変わっていた。翌日、三人は春日山の上杉謙信の墓所を訪ね、夜、東京に戻った。

溝ノ口ピクニック　一九三六年秋

「唯研ニュース」（第五六号、三六年一〇月一日）に、恒例の秋のピクニック案内が載った。一

多摩川溝ノ口への唯研ピクニック、1936年10月

○月四日（日曜日）九時、省線渋谷駅集合、行先は溝ノ口（川崎市高津区）、会費五〇銭、催し物として「隠し芸大会、のど自慢、詩の朗読」などとあった。

当日は台風一過の秋晴れ、八時半には本間唯一、青柳齢彦、宮地八峰がハチ公前にやって来て、前回ピクニックで大評判だった豚汁の材料買い出しに向った。しかし集合時間の九時までに来たのは伊藤至郎、早川二郎（1906.1生、歴史学者・翻訳家）一家だけで、唯研の仕事を几帳面にこなし手を抜くことを知らぬ石原辰郎が、この日は小一時間も遅れてやって来た。

石原は皆に「遅い！」と言われて驚いた。「九時集合と言えば、九時から集合に取りかかるのだろう。一〇時就寝と言えば、一〇時から寝始めるし、たいていの奴は八日原稿締切りといえば、八日から書き出すじゃないか。九時までに集まれと言うのなら、そう言ってくれればいいのに」と憮然とした。上戸《じょうご》の本間は、石原がぶら下げてきた一升瓶「黒松白鷹」が目に入ったか、さして怒りもしなかったが、衆議一決、石原は罰として豚汁の鍋をつるす竹竿一束をかつがされた。子ども五人を入れた総勢二九人が、渋谷駅を出発したのは結局一〇時近くになったが、竹竿を持たされた石原が、森宏一、曾根正哉（1912.10生、社会運動家）とともに、ひと電車遅れるハプニングがあった。若い曾根は戸坂のことを親しみを込めて「タマゴオヤジ」と渾名していた。

溝ノ口の手前玉川駅で下り、多摩川の土手をゆっくり「行進」する。雑木林が残る武蔵野、多摩川河畔。捕虫網で虫を追う女学生、腰まで水につかった太公望たちが見える。一行は長堤の小さい松林の木陰に陣取って、自己紹介のあと班をつくり、カマドを築き、薪を割り、豚汁を作った。カマド班長戸坂、調理班長青柳、道具班長石原、水汲み班長岡、炊事はほとんどがご婦人方が担ったが、まもなく五つの鍋にたっぷりと豚汁ができた。しかし期待の豚汁は甘過ぎ、「こんな甘い味噌を買ったのは誰だ？」と言い出す者もいた。本間は「渋谷二幸の味噌売り場のお嬢さんが選んでくれたんだがなー」と思いつつ、茶碗にうけた「黒松白鷹」をあおった。

お昼のあと「昼寝タイム」が三〇分ほど設けられたが、「お昼寝付きのピクニックなんて初めてだわ」などと言いつつ、女性たちは西側の林のへりに横になって話しはじめ、沼田秀郷（筆名・武田武志、1905.10生、美術家）はスケッチ、岡、戸坂、石原などはキャッチボール、早川は将棋に興じ、誰も寝る者はなかった。

「カメラマン」森宏一による記念撮影のあと、輪になって岩倉政治の司会で隠し芸大会が始まった。「準長老」四六歳の岡が、前回のピクニック同様四回も逆立ちをしてみせた。口さがない連中は「あれなら芸なし猿でもできる」「唯物論者が逆立ちするとヘーゲルになる」「肛門が天を仰ぐなどという観念論の姿はみっともない」と散々に評したが、終わって見れば満座の喝采をあびた。戸坂は、皆が期待し噂していたタップダンスを「あれはデマだ」と弁解して、責任を果たす意味で哀歌「船頭小唄」を歌った。論壇の雄も歌う度胸はあるが、声は枯れススキのように震え続けた。岩倉の佐渡おけさに合わせて、本間が踊った。いつもは秀逸なこのコンビも、今回ばかりは「黒松白鷹」のせいで本間の踊りはいつになくぎくしゃくした。石原は広島の座興唄「おいとこそうだよ」を渋く唄い、唯研の堅物たちをアッと言わせた。岩倉は、科学の国際性などを論じて「冷徹氷の如く」と取られがちな石原も、趣味の世界では案外「日本的、国粋的」なんだなあと思いつつ、女性たちにも隠し芸を催促した。女性たちは戸惑いながらも、「愛のルッボ」を合唱した。

東西二手に分かれたゼスチュア（態藝）では、みな手こずる「お題」ばかりで、激戦が続いた。お花の先生、気象台技師、税理士、評論家などを西側の岡や戸坂が演じ、牛太郎、高利貸、女官長などを東側の早川や岩倉が演じた。熱中すること二時間余り、「落第」が全くなく全問正解した東側が勝利した。

伊豆公夫が即興詩「談笑——唯研ピクニック即興」を作った。「風あり／草の穂は揺れたり／

暖かい秋の日は／談笑する群れに／煙のごとく靡《なび》きたり／これら／若い思想家たち／都会の狭き部屋部屋に／営んだ鋭い思索を／この疎林で解きほごし／Weltschmerz〔世界苦〕を／自然の韻律の中に／忘れ去らんとす／颪あり／秋の日は靡きたり」。

伊藤至郎がその詩を朗々と吟じた。しかし伊藤独特の発声法は、「恋の歌」が「肥の歌」に聞こえるように、イがエに入れ替わり、「韻律」が「鉛律」に聞こえた。

楽しい時間の経過は早い。川面には夕靄が流れ、富士が夕空に屹立していた。もはや時間がなく、河畔を歩くハイキングは中止となった。

渋谷駅に戻ったのは、六時を過ぎていた。予定のハイキングが中止になったことを口実に、戸坂、本間たち数人は「新宿雑踏ハイク」に出た。「雑踏ハイク」の本音は安酒屋めぐりであり、重い鍋を運ばされたうえ戸坂のタップダンスも見られなかったピクニック初参加の平井昌夫はそんな不満をこの「雑踏ハイク」で解消し、本間は酒そのものを堪能して「幹事仕事」の疲れを癒した。

道徳論　一九三六年秋冬

ピクニックの翌九日、『報知新聞』が「若い愛人を得たんで忽ち〝実践派〟です　新恋愛論の岡邦雄氏家庭解消?」と報じた。「新しきモラル・新恋愛論を提唱してから、今日の恋愛論の汎濫時代を呼んだ評壇の雄、文化学院教授岡邦雄氏（四七）が、その新恋愛論を実践に移し、二十年来のさうかうの妻みつ子さん（四二）と六人の子供の家庭に別れを告げ、才色兼備の若いアシスタント桝本節子さん（二二）との恋愛を一路結婚へ邁進、新しい恋愛に関心をもつ多くの人々に大きな問題を投げかけている」（以下、略）と書き、二人の写真とインタビュー記事、「男は身勝手」と題した美津夫人の談話も掲載した。

岡は二年前の秋に桝本セツを知ってから彼女に強く惹かれ、昨春セツとの共同筆で「〈資料〉技術に関する文献」を二回にわたって『唯物論研究』（第二九号・一九三五年三月、第三〇号・同年四月）に連載し、さらに六月刊行の岡『自然科学史講話』上巻の序文には、セツからの資料提供と校正協力に感謝の意が記されていた。その頃から岡はインテリゲンチャ論と関連して道徳についても考えを深め、二月の研究会で「新道徳論」を報告し、それを『唯物論研究』（第三〇号）の巻頭評論に「道徳とインテリゲンチャの問題」としてまとめた。ちょうど研究会や『唯物論研究』誌上で、秋沢修二「現代インテリゲンツィアの問題」、高村英夫（本名・高橋庄治、1906.6生、哲学者）「インテリゲンチャ問題の検討」などが掲載されるなど、ファシズム下における知識人のモラルが議論になっていた時期であった。

一九三五年の秋、セツが中野署に検挙されて、留置場生活を送る半年ほどの間、二人の関係は当然途切れたが、翌三六年二月にセツが釈放されると二人の関係は急速に進んだ。岡は『中央公論』五月号に「新恋愛論」を発表し、二・二六事件後再開した四月の社会科学部の研究会で「道徳の問題」を報告した。岡は、道徳が肉体的自然的要素を通じて現れることを、社会性と自然性の二面から論じようとした。……商品に二重性（使用価値と価値）があるように、人間の生活には自己の生命を維持する面（生活の自然性）と他人の生命を殖やす（生活の社会性）という二面があり、人間の社会生活はこの自然性と社会性を併せ持つ。自然性と社会性とを切り離して別個に論ずるのはブルジョア的偏向で、その意味で道徳も一つのイデオロギーとして変遷する。道徳は生産を基礎とする歴史的変動の所産だから、道徳の自然的諸問題は歴史性社会性を無視しては不可能である……。

　岡報告の二週間後、今度は戸坂が哲学部の研究会で「道徳論」を報告した。戸坂は、プラトン、アリストテレスからマルクスに至る道徳論を検討し、個人一般の問題としての道徳ではなしに、一身上の問題、「私」についての吟味が必要で、「私」と実在とを一つに結び付け秩序づけるのが道徳である、と論じた。二人はこれらの報告を整理して、五月に第二次唯物論全書の一冊として、戸坂・岡共著『道徳論』（三笠書房）を出した。

　戸坂が「道徳」について危機感をもったのは、一九三四年初めに治安維持法改正案が国会に上程された時であった。「もっとも大事な点は、この法律が実は国民道徳の名の下に最近捏《こ》ね上げられた或る種の道徳律を愈々《いよいよ》固定しようとする意図を持っているということである。そのために私有財産の否定と国体の否定との距離を出来るだけ大きくし、この距離をジャンプすることを転向と称して奨励する処の、極めて国民道徳的な法律となってきつつあるのである」（「科学的道徳の創造」『戸坂潤全集』④、六二ページ）。

幸いにもこの改正案は審議未了・廃案となったが、戸坂は教学的な「国体の道徳」と科学的な「反ファシズムの道徳」が鋭く対立するなか、道徳という社会の客観的現実を反映している大衆の生活意識を解明する必要と、唯物論を現実生活のための世界観にまで社会化し普及していく必要とを感じ、道徳についての科学的分析を企てたのである。

ファシズムが進行し大量の転向が続くなか、もはや批判精神は惨めな敗北を帰し、多くの知識人はマルクス主義はもちろん「知性」そのものを、大衆は良心そのものさえ放棄しなければ生きていけない時代となっていた。科学的認識に基づく道徳は瀕死の状態に追いやられていた。戸坂はこの『道徳論』のなかで、道徳に関する「通俗常識的観念」「倫理学的観念」「社会科学的観念」「文学的観念」の四つの章をたてて考察し、通俗的な道徳概念を分析批判して新しい道徳の科学的探求を行い、岡は「道徳と宗教」「道徳と科学」を正面から論じた。論述は難解であったが二人が強調したのは、道徳は認識、科学的真理に解消されるということ、問答無用式の狂信的な「道徳」の実行が強制されるなか科学的認識が実践の大前提でなければならぬということであり、道徳についての新しい観念は、科学的概念が「一身化され自分というものの身につき、感能化され感覚化され」た生きた生活意識にこそあるということであった。

『唯物論研究』第四四号（一九三六年六月）の裏表紙（表四）に『道徳論』の広告が載った。「従来の所謂常識的道徳論（吾人の現に有してゐる道徳観念もこれであるかも知れないが）、この所謂道徳を余す所なく批判し、新道徳の理念を打建てたのが本書の最大の特色である。時代は年と共に変転する。独り道徳観念のみ停滞するを得んや。現代意識下に於ける道徳とは？　領域は？　と考へた時に本書は太陽の如く輝く」。

あわせて岡はこの『道徳論』刊行と前後して、恋愛論に関連する論考を多くの雑誌に発表した。[6]岡の主張は、現代は家庭制度の崩壊期である、新しい恋愛成立の根本条件は男女の「仕事の相互協力」にあり、その恋愛と結婚とは不可分である、という点につきた。論述には一人称こそ使わなかったが、正直者で世間を偽れない岡の告白そのもので、恋愛論を書く前提に岡とセツとの「恋愛」そのものがあった。

秋のある日曜日、唯研の会員三人が戸坂を訪ね、「岡の恋愛論は批判を必要とする」と言った。そこで戸坂と岡はその三人を交えて「恋愛論批判展開の方法」について話し合ったが、このことが一時「唯研の恋愛論」が発表になるのではないかという噂になった。それ以前にも「岡の恋愛論は唯研の恋愛論か」という質問が事務所に寄せられ、戸坂は「唯研ニュース」（第六二号、一九三七年一月一日）に「唯研の恋愛論、其他」を書いて、「唯研の恋愛論」などはない、噂とは所詮そんなものだ、と否定した。

悶着　一九三六年秋

岡と桝本セツ、戸坂と光成秀子、研究会での二人の報告、そして『道徳論』の刊行と岡の度重なる「恋愛論」発表。唯研のなかでも物議になっていたが、一気にその論争が熱をおびた。森宏一は「人生観及びヒューマニズムの問題」（『唯研』第五〇号、三六年一二月）を書き、戸坂らの主張は「現実生活におよびいたらぬ観念的所作にすぎず」「主観的見地にとじこめる傾向」があるとして、論理展開の遊離を批判した。批判の論陣は石原辰郎、山田坂仁らも同じで、山田などは本田喜代治や本多顕彰、内山賢次らから聞いていた愚痴を、共産主義者のモラルの問題として、永田広志に洗いざらい話した。

永田にも二人への批判はあったが、山田には「君の望む清潔、純粋の世界は空想の世界にしかない。戸坂や岡らがファシズムと最前線で苦闘している以上、それを内部から勇気づけ強化するような仕方でやらなければならないから、この仕事には相当力量が要るし、政治的配慮も必要だ」とたしなめた。

しかし世間の関心は理論的な『道徳論』より「恋愛論」の方に集まり、しかも批判は厳しいものであった。『婦人公論』一二月号は特集「岡邦雄氏をめぐる恋愛事件　その真相と批判」を組み、岡、セツ、美津当事者三人の言い分と、野上弥生子（1885.5生、作家）、山田わか（1879.12生、評論家）、窪川（佐多）稲子（1904.6生、作家）ら識者による「岡邦雄氏の恋愛批判」を掲載した。野上は美津という女性を見定めるのに二十余年の結婚生活と六人の子の産出が必要だったのかと岡を酷評し、山田は女性の身で神聖な母性道の破壊者となるのかとセツを批判し、窪川は岡の率直さを認めつつ、それでもなぜ仕事や階級意識の助けばかりを借りるのかと疑問を呈した。

批判は『唯物論研究』（第五二号、三七年二月）の投稿欄「読者のスペース」にも現れた。「岡氏の恋愛論に就いて」と題したその投稿は、岡が新しい恋愛の実践だと言うのは不快だ、「余りにも小ブル的な個人主義の現れである。何故現在の家庭を教育し、自己の協力者たらしめないのであろうか」と、やはり手厳しいものであった。

創立満四年を迎えた一一月二三日午後、二二名の参加のもと唯研図書室で第五回総会が開かれた。岡の開会挨拶のあと江口渙が議長となり、戸坂事務長の一般報告、[7]庶務部など六部からの各部報告、質疑応答といつものように議事が進み、会員提出議題として早川二郎が「原稿料値上げ、事務局員手当引き上げ」の提案を行った。

相場からほど遠い原稿料、桁外れに低い事務局員手当、[8]それらは皆が知っていることだから、賛同を得てなんなく可決されたが、ひとつの条件が付された。それは「今スグの実現は不可能で、その目標に向って進む」というものであった。次年度予算案もその条件を付しての可決となり、提案は通ったが実態はなんら変わらないという妙な現状維持の着地点となった。

そのあと役員銓衡委員長の壺井繁治（1897.10生、詩人）が新幹事二八名を推薦し、出席していた一五名が幹事就任を承諾した。小休憩後、岡が「日本に於ける電気事業の発達について」を講演し、閉会後は会場を移して晩餐会がもたれた。戸坂が三高寮歌「紅萌ゆる岡の花」を歌い、岡が湿布したのどで牧水の「幾山河越えさり行かば」を披露した。

総会は無事に終わったが、一週間後の初幹事会ではひと悶着があった。総会以降に幹事を承諾した草野昌彦、古在由重、広島定吉（1896.9生、翻訳家）の就任を確認したあと、幹事長、事務長、各部の責任者と部員を決める段になって、岡の幹事長就任に反対動議が出された。岡はこのところ、セツとの私生活上の関係で幹事長はおろか幹事の仕事さえさぼり勝ちで、幹事のなかには反感を募らせている者があった。岡は、この際幹事も辞して一会員として仕事と研究を続けたいと思いながら席を外した。しばらくして呼び戻されて席に着くと、戸坂がどう説得したのか反対動議は撤回されていた。

悶着はもうひとつあった。岡が幹事長就任を受諾すると、石原が「岡、戸坂さんが、最近社会大衆党に入党したらしい。唯研が政治的背景をもつのは対外関係上もまずい」と発言した。初耳の幹事が多く、しばらく議論になった。「従来通り岡、戸坂を代表者にすると、政治的立場に関して世間から誤解を受けることになるかも知れない」「しかし二人を責任ある部署から欠くと、運営に支障がでかねない」「二人のほかに、適任者はいない」などの意見が出た。結局新島繁の斡旋で、従来通り岡幹事長、戸坂事務局長に落ち着いたが、入党問題はあいまいなままとなった。

石原発言の背景には、江口渙や大宅壮一らが社会大衆党をバックに文化人の生活権擁護を目ざして結成しようとしていた「日本文化人協会」に、岡と戸坂が賛同していたことがあった。しかし社会大衆党は、「日本文化人協会」メンバーの大多数が過去に共産主義陣営で活動し今なお同様だからと、結局「日本文化人協会」には消極的で曖昧な態度をとった。

第5章　唯研解散　一九三七年〜三八年

文化の危機　一九三七年春

元日付けの「唯研ニュース」（第六二号）に、昨秋から検討していた「地方新聞社に学芸原稿を通信斡旋する」事業を、一二月二一日から開始した、という小さい記事「學藝原稿通信社　創立さる」が出た。昨年九月の幹事会で、未開拓分野に科学的見地を提供し、会財政の足しにもしようと決定したもので、事業内容は「新鮮正確しかも有益なニュース、紹介文及文化各方面の時事問題に関する評論等を不断に供給」するもので、「字数八百〜千二百、送信二週一回で月二円、一週一回で月三円」というものであった。

学芸原稿通信社は一応「唯研」とは別組織であったが事務所は唯研に置かれ、三木清、小倉金之助、窪川稲子、中野重治など執筆同人五四名の多くが唯研関係者で、「容易に動員できない大家、新鋭を以て他の追随を許さぬ」という案内状を地方有力新聞一五〇社に送っていた。戸坂は新潟毎日新聞（現「新潟日報社」）東京支局長を務めていた親戚の川崎新吉に紹介を依頼してなんとか七、八社を確保し、論説と評論ニュースを提供し始めた。しかし特高はこの通信社を「合法舞台を利用する共産主義宣伝の新しき戦術」と見なし強い関心をもった。

戸坂はこの事業の行く末を気にしつつ、一月末から特別研究会『ドイツ・イデオロギー』の講読を新たに開始した。テキストは、三年越しの研究・翻訳作業を経て昨春に完結した、唯研訳アドラツキイ版『ドイツ・イデオロギー』（全三分冊、ナウカ社出版部刊）であった。

特別研究会（唯研レクチャ）は三年前の夏から始まったが（第三章、「改善と困難と」参照）、その後も哲学、自然、社会科学の三部門がそれぞれのテーマでほぼ途切れることなく継続していた。哲学部（金曜日）は主にマルクス、エンゲルス、レーニンの古典を戸坂や森宏一が、自然科学部（火曜日）は自然科学史や技術史を岡邦雄や石原辰郎が、社会科学部（木曜日）は民族理論や日本歴史を菅豁太、秋沢修二、早川二郎が、インフレーション論などの経済学を坂本三善（本名・鍋島茂雄、1905.3生、経済学者）が、芸術部（水曜日）は芸術論や文芸学を徳永泰や伊豆公夫らが担当してきた。

戸坂は唯研レクチャにたずさわり始めた一九三四年の冬から毎週金曜日の夜に講師を務め、これまでにマルクス『経済学批判序説』（三四〜三五年）、エンゲルス『フォイエルバッハ論』（三五年）、レーニン『唯物論と経験批判論』（三五〜三六年）、エンゲルス『反デューリング論』（三六年）を、夏休みと冬休みの期間を除いて途切れることなく講義してきた。どの古典の講読でも参加者は毎回平均一五、六名であったが、『唯物論と経験批判論』のスタート時一ヵ月ほどは毎回三、四〇名にもなり、戸坂自身驚いたことがあった。マルクス・エンゲルス『ドイツチエ・イデオロギー』は森が三年前に一度担当したが、今回は唯研訳の刊行完結を機に再び取り上げることになったのである。

しかしこのところの研究会参加者は減少していた。ファシズムの進展とそれに伴う文化の危機が微妙に影を落としていた。

その春、戸坂は『世界の一環としての日本』(白楊社)を上梓し、「日本ファシズムの発育」や「文化の危機とは何か」などを収録した。

「ここ数年来の日本の大勢が駸々《しんしん》として特有の型のファッショ化の過程にあることは、もはや誰しも疑わない」。「日本ファシズムは日本に固有な形のファシズムだ。併しこの日本ファシズムが有っている根本特色は次第に国際的な共通の特色によって着色されつつある。今や吾々は日本ファシズムも亦之に対抗する日本に於ける反ファッショ的動向も、この国際的共通性の線に沿って考えて行くことが何より必要である」。「ファシズムと人民戦線とは国国の夫々の形態の下に全く二つの国際的現象であり、また、そうなり得ねばならぬ現象なのだ」(「日本ファシズムの発育」『戸坂潤全集』⑤、四三、四四ページ)。

つまり、ファシズムはイタリアのファシスモ、ドイツのナチズム、日本の日本主義と形態は違うがいずれも国際的現象で、人民戦線もまたそうならねばならなかった。

三月一九日、本間唯一、沼田秀郷、岩崎昶（1903.11生、映画評論家）など唯研の映画愛好家九人が集まり「唯研映画クラブ」を設立した。新進映画評論家として活躍していた岩崎は三年前戸坂に誘われて唯研に入会し、前年秋第二次唯物論全書の一冊として『映画論』をまとめていた。唯研には、独自の映画理論を展開する相川春喜がおり、戸坂、岡も映画は好きで、よく見、よく話題にしていた。映画クラブはその映画好きがあつまり、映画が大衆化しその影響力が広がる「文化の危機」の中での発足であった。

映画クラブは会員を唯研外にも広げ、研究会、鑑賞会、懇談会などを通じて、映画を芸術、思想、文化として取り上げ、その課題と問題を積極的に研究しようとするものであった。代表は岩崎、事務局を本間が担当し、会費月一〇銭、月二回の会合、会報として「唯研ニュース」の第四面を借用することになった。

さっそく四月発行の「唯研ニュース」第六八号の第四面が「映画クラブ欄」[1]として発行された。そこには映画クラブの規約や第一回研究会予報（報告・岩崎昶「日本に於ける映画発達史」）のほかに、「文化映画に着目せよ」（川崎長吉）、「映画批評家の目」（和田亮介）、そして能美主計筆の映画評「からゆきさん」が掲載された。

「飲み介」を模した「能美主計」は、本間唯一の二つ目のペンネームであった。これまで本間は本名では文芸評論、唯一《ゆういち》の頭文字Yからとった「和井英二」名では自作の詩とブック・レヴューを『唯研』と「唯研ニュース」に書き分けてきたが、新たに映画評論の機会が増えて、このペンネーム「能美主計」を使うことにしたのである。その本間の力量は、岩崎昶が「本間唯一はもう映画も専門家の域に達していた」（『日本映画私史』朝日新聞社、一九七七年）と認めるほどであった。

「能美主計」はそれ以降、衣笠貞之助の「大坂夏の陣」やアレキサンダー・コルダ監督の「描かれた人生」、山中貞雄演出「人情風船」などを取り上げ、石坂洋次郎の「若い人」のシナリオ評などを執筆・掲載し、「文化の危機」が叫ばれるなか、映画文化の向上のために努力を続けた。

新事務所　一九三七年春

四月半ば、春のピクニックとして小金井堤でお花見会が開かれた。戸坂が嵐子（八歳）、沼田秀郷が姪っ子を連れてくるなど、参加二四名のうち女性が三分の一を占めた。しかしこのピクニックは珍事続きの散々な花見会となった。

まず実行委員長の岩倉政治が夫婦で集合時間に遅れたのが始まりだった。「新婚時代でもあるまいし、二人で朝寝かい？」と悪態をつかれ、花見客で混雑するなかを歩き出せば見失って二グループに分かれてしまい、その合流に小一時間を要した。そのあげくに良い場所が取れずに、敷物をしいた場所は花の見えない場所であった。ようやく弁当を広げたあといつものように自己紹介と余興に移ったが、戸坂が要望の強い「船頭小唄」を拒否すると、「子どもの前で、家父権の維持かい？」と嫌みを言われ、戸坂が弁明にまわると「隠し芸とはなんぞや」の「唯研的論争」

が始まり、さらに「唯酒史観」の連中に安酒が行き渡ると、この日は早々に石原辰郎が酔いつぶれた。この年初めの酒豪番付で、戸坂、刈田新七、本間唯一、新島繁とともに「優等生」に位置づけられた石原なのに、「辰がトラになる」泥酔状態で、社交性―狂躁性―狂暴性―涕泣性と「弁証法的発展」をたどった末に周りにからみ始め、若い女性の美しいソプラノ独唱も被害を受けた。石原の帰りは、番付「優等生」の本間、「中等生」の伊豆、「劣等生」の森、この三人に家まで送り届けられる始末となった。後日石原は「断然断酒を」などと反省し、参加した多くの「中・劣等生」たちも酒持ち込み禁止を主張したが、能美主計こと本間唯一だけは「飲むコツを知らないだけだよ」と泰然としていた。

四月末、第二〇回総選挙があった。「時局に適合した革新の断行」を標榜した陸軍大将の林銑十郎首相が予算成立後の三月末、多数派形成を狙って「食い逃げ解散」に打って出ていた。しかし結果はファッショ政党の躍進とはならずに既成政党が勝利し、反ファッショの政策を掲げた日本無産党の加藤勘十（1892.2生、労働運動家・政治家）が全国最高点で当選、一八議席だった社会大衆党も一躍三七人が当選した。この結果は三井財閥の総帥池田成彬をして「反軍思想が国民全体に漲っている」と嘆かせるものだったが、ファシズムの流れは強まることはあっても弱まることはなかった。

同じ頃、古ぼけた東北ビルが大規模開発のために、夏までに取り壊されることになった。五年前同様今度も皆が手分けして、あわただしく貸し室探しが始まった。事務局は「金のないことをご賢察の上、心当りの良い処を知らせてほしい」と、東京在住の会員に呼びかけて協力を仰いだ。その結果、新事務所は市電岩本町交差点の東北の角、省線ならば秋葉原駅より南へ三分、東京市神田区岩本町の市場ビルに決まった。

「戸坂と刈田新七は「兎に角すごいビルなんだ。東京中が見えるんだ」と言うが、本間唯一や石原辰郎は半信半疑だった。引っ越しの近づいた雨の日、本間は市場ビルの検分に行った。鉄筋コンクリートの市場ビルは、木造のおんぼろビルとは比較にならない大きさで、正面入口にはエレベーターまでついていた。一階から三階までは洋品店などが入り、四階には喫茶室や撞球場、将棋場があり、最上階の五階一五〇平方メートルと三〇平方メートルの二部屋に唯研事務所が入ることもわかった。本間は四階のこぢんまりした喫茶室に入って、窓から見える岩本町の交差点や遠くの国会議事堂、ニコライ堂を見やりながら紅茶を飲み、本間はようやくおんぼろビル「東北ビル」への恋情を捨て去ることができた。

昼間から電灯を点けねばならない、穴倉のように陰気で陽の差さない「太陽のない事務所」に嫌気がさしていた石原も満足だった。……何よりサンサンと入る光が床も壁も照らしているのがいい、これなら曇った日でも電灯は不用だろう。日比谷周辺のように官庁臭いビルも勤め人の蒼白い顔もなく、岩本町の商店や問屋街は活気に満ちている。不満を言えば、交差点を通る市電のグワツタン・ゴンゴンの音が、少しばかり勢いの良いことだが、しかしこれもすぐに慣れる……、石原は満足して、引っ越し準備を急いだ。

しかしトラック二台きりの荷物は、広い部屋には少なすぎた。市場ビルを自慢していた刈田も「砂漠に石を投ずるようなもんだね」と寂しがったが、喜々として荷物を整理し始めた。伊豆公夫がその様子を「移転の歌」として詠み込んだ。「戸坂潤・早川二郎ら集まって　働いているみなうれしさう」「轟々と　下界を走る電車たち　親愛の感じは抑へ難くて」「がらんどうの　広い部屋に歓声わく　新しい巣新しい希望」。

引っ越しと新事務所整理のため、六月一二日から一時中止していた研究会が二九日、岡の特別研究会「技術史の研究」から再開した。しかし市場ビルの階段は夕方六時以降は三階までしか使えず、エレベーターも夜一〇時には動かなくなるため、九時半には研究会を終えねばならなかった。研究会は最低でも正味三時間は必要と、開始時間を六時としてみたものの間に合わない者が多く、ひと月も経たぬ七月には六時半に再変更、夏休みをはさんだ九月からは結局七時開始が定番となった。

両国川開きの七月一七日の夜、中川清（本名・栗原百寿）が研究会のチューターとなって、「相対的剰余価値と差額地代」と題して宇野弘蔵の同名論文を批判した。しかしこの日の研究会は、「ダーン、バラッ、ワーッツ」という花火の音と歓声に、参加者の気はそぞろで、結局この日の研究会は早仕舞いとなった。

屋上に上がると花火が良く見え「ここは特等席だね」の声と共に、誰かが「両国の花火たって、大したもんじゃないね」と言った。すると「田舎者には、この情緒がわかんねーんだよ」と、さっそく議論・論争が始まった。「そんなのは、江戸っ子のケチな伝統主義、観念的な鑑賞趣味で、俳句会の雪見みたいなものだね」「じゃ、いい加減にして帰れよ」「いや俺は、江戸っ子でなく東京人として見物してるんだ」「何言ってんだ。じゃ、ぱっと花火が見えて五秒ぐらいで音が来るが、両国からここまでどのぐらい離れてるか計算できるか?」「音の速さ? そんなのは小学生に聞いた方が正確だよ」「ところで、今日を楽しみにしていた貴奴はどうしたんだ?」「熱があると、苦しそうにしていたぜ」「そんなこと言いながら、案外アベックで来てるかも知れないね」「馬鹿どもが今頃は、ビルの屋上で間抜けな議論をしてるよ、と笑ってるかも知れねーな」「大将、そんなのが好きだからね」。たわいのない会話が、花火が止んで「納涼会」に切り替えたあとも夜遅くまで続いた。

しかし研究会には東北ビル時代同様異様な光景ながら、いつも下田という特高がドアのそばに置かれた机にすわって研究会を監視した。下田はお茶も飲まずにしきりに記録をとるふうであったが、研究会の報告・討論は専門的なものだからただペンを動かすだけで、時にはノートを放りだして机にうつぶせになって寝ていることもあった。のちには研究会が終わって参加者が雑談を始めると、お茶をうまそうに飲んだり、一緒に将棋を指したりした。

政情一変　一九三七年夏〜秋

一九三七年七月七日夜、北京郊外の盧溝橋で日中両軍が衝突した。日本軍は八月には北京と天津を占領、本格的な中国侵略を開始した。戦線が広がるにつれて中国の抗日運動は高まりを見せ、九月には第二次国共合作、抗日民族統一戦線が成立した。

戦線の拡大にともない国内では政治・経済の総動員体制がとられ、それにあわせるように「国民精神総動員運動」が開始された。それからは「八紘一宇、挙国一致、堅忍持久」のスローガンのもと、「節約・貯蓄・勤労奉仕・生活改善」が押しつけられた。

この盧溝橋事件を境に、言論統制と弾圧が一層過酷になった。これまでの事後検閲では一部削除や切り取り処分、発売禁止や直接責任者の司法処分などに止まっていたが、いまや事前検閲となり、干渉は編集過程はおろか編集者の人事、作家・研究者らの執筆禁止にまで及ぼうとしていた。やがてこの言論統制と弾圧は、戦争が苛烈になり物資が不足するにつれ、用紙割当てを理由に「好ましからざる出版社」が淘汰される事態にまで進んだ。

八月、『中央公論』九月号に掲載された矢内原忠雄東大教授の巻頭論文「国家の理想」が全面削除命令を受けた。キリスト者的ヒューマニズムの立場から、国家の理想を愛と正義に求め、領土拡大だけが国家の目的ではないとした矢内原は、平和主義者・反軍主義者との烙印を押され、著書の『民族と平和』も発禁に付されたうえ、その冬には大学も去らざるを得なくなった。

削除命令が出されると、製本中の本あるいは発売後に差し押さえられた本を、編集部・営業部を総動員して雑誌を一冊一冊開き、物差しで禁止になった頁を切り取る大仕事が待っていた。そのうえ切り取った削除枚数を正確に数えて当局に報告し、表紙に「削除済」の印鑑を捺さなければならない。それは編集者・出版人にとって侘びしく悲しく、複雑な思いの交錯する泣くに泣けない作業であった。戦時中、『中央公論』『改造』など多くの雑誌がこの憂き目にあった。

戸坂はこの夏も岩倉政治を案内人に、中野重治とともに講演の旅に夜行列車で高岡市に向った。しかし今夏の北陸講演旅行は散々の結果となった。

中野は途中の富山駅までのキップしか入手していないうえ、朝の弁当を食べきらぬうちに高岡に着いてしまい腹の収まらないまま、出迎えの高岡の人々に氷見海岸を案内された。しかも時間がなく、残念ながら離島の唐島には行けずに宿に戻るはめになった。ところが宿に着くなり、警察が「表敬訪問」にやって来る始末で、夜の講演準備もままならなかった。ただ「天下一品」の暑さにもかかわらず、高岡学芸クラブ主催の「文芸講演会」には一五〇〜六〇名が入場し、中野の新日本派の文学批判、戸坂の科学的精神の話のあと、懇親会にも三〇名ほどが残ってまずまずの成功となった。

しかし翌八月三日の富山市での講演[2]は、警察から「入場者は五〇人、講演会でなく座談会形式に」という達しが届く始末で、前売券購入者七〇名ほどは全て入ってもらったが、警察は参加者の様子を何枚も写真に撮って圧力をかけた。さらにその翌日の東礪波郡福野町の講演会は二〇名に制限されたうえ、話は最初の五分間のみ、出征兵士の数や風紀紊乱に及んではならぬという念のいったもので、翌五日の金沢市での講演会はとうとう取りやめとなった。そのせいばかりではないが、岩倉は心臓を弱らせて注射を打ち、戸坂も下痢をして、田浦にある茅葺きの薄暗い岩倉の家で一日を静養に当て、翌七日の朝上野に戻った。中野重治は福井県坂井郡高椋《たかぼこ》村（現・坂井市丸岡町）の実家に帰った。

この講演旅行で戸坂は地方の文化状勢を直接見聞し、講演をきっかけに同人誌の企画が始まったことをあとで聞いた。その意味でこの講演旅行の意味は十分あったが、同時にもはや自由な講演はままならない時代になったことも痛感せずにはいられなかった。

心臓を患った岩倉政治はそのまま実家に残った。これまでも脈拍が速くなることがあったが、今回は脈拍が一四〇を数えてついに寝込み、わざわざ東京から戸坂と本間が見舞いにやって来るほどであった。その後敗血症を招きかねない潰瘍性口内炎にも苦しんだが、ようやく帰京した一〇月半ば、自宅に召集令状が届いた。覚悟はしていたものの、病弱のしかも三〇代半ばの男を南京に送らねばならないほど、戦局は厳しくなっていた。

一〇月末、町内の「盛大な」歓送会で岩倉は赤いタスキをかけて楽隊のあとを行進した。日章旗がスルスルと揚がり「君が代」と軍歌と万歳とが岩倉めがけて浴びせられた。神社の前での三〇分間の直立不動で心臓破裂を起こしそうになったが、何とか気力で持ちこたえた。唯研幹事らが上野駅に見送りに来たが、唯研仲間からの病気見舞いは、戦地への壮途の餞別に変わった。

東京に戻った戸坂は、「再び科学的精神について――教学に対して」を書いた（『唯物論研究』第五九号、『戸坂潤全集』①、所収）。「科学的精神とは何か」（第五四号）、「最近日本の科学論」（第五六号）に続く、この三つ目の科学的精神論の中心は「日本に於ける特殊な反科学的精神としての教学的精神」、戦争とファシズムを推進するいわゆる日本精神論と同一の迷妄な非科学的な「理論」＝教学論への批判であった。戸坂はこの教学論の基礎に文学主義と文献主義とがあることを指摘し、戦争とファシズム推進のための教学論を真っ向から批判した。

その秋、第三次唯物論全書第五回配本予定の古在由重著『現代哲学』が事前検閲で削除命令を受けた。これまで唯物論全書に発禁処分はなく、削除命令も七月刊の新島繁著『社会運動思想史』の三四文字だけで、今回のような数頁にわたる大幅な削除ははじめてであった。古在は当初紀平正美や西田幾多郎、簑田胸喜の戦争そのものを煽る「日本精神」や「日本主義」批判を意図していた。しかし検閲を考慮して主にハイデッガー哲学などナチス的な哲学批判に重点を移したのだが、検閲当局は第四章「観念論のドイツ的形態」や第八章「世界戦争後の日本観念論」にある「これらのもの（日本精神、日本的なるもの）は、はたして日本人の永遠な本質であるか？」や「唯物論的世界観だけは断じて『日本的なるもの』によって変形され得ず圧倒されえない」などの表現を、やはり見逃さなかった。検閲当局の判断は「本書ハマルクス主義ノ立場カラ故意ニ日本精神、日本的ナルモノ等ヲ取上ゲ、ソノ価値ヲ否定シ唯物論的世界観ヨリ抗議ヲナス等ノ記述アリ、削除ス」（内務省編『出版警察報』第一〇九号）というものであった。

同じ秋、戸坂は社会大衆党に正式に入党した。

……一部では社会大衆党はファッショ化したと見られているが、大衆に根を下ろして、綱領に掲げた「ファシズム反対」を今こそ実行させなければならない。「ファシズム反対」がこの党の客観的な存在意義である。たしかに麻生久書記長の民族主義風の言動、膨大な軍事予算への積極的協賛、最近の「戦時革新政策大綱」の決定など、時局追随的な態度や軍部や政府への媚態はある。錯雑した混合物の社会大衆党ではあるが、無産勤労大衆の政治的要求を最大公約数的に代表し得る現下唯一の政党であり、大衆が民主主義の要求を持ち続け、反ファシズムの情意から身を離さない限り、これを大衆的にしかも実際的に代表するのは社会大衆党を通じてでしかない。社会大衆党の客観的な存在意義は、民衆の自主的結合の母胎であり、民衆利害の最大公約数的代表者であるはずだ。自分自身政治の実際に無経験・無知なことは認めるが、大衆的政治家には傲然たる人間的自負と抵抗の母胎としての批判精神を要求したいし、「イデオロギーやスローガンよりも、現実の地盤と、その地盤の政治的な含有肥料」とを信頼したいのだ……（「社大党はファッショ化したか?」『日本評論』一二月号、『戸坂潤全集』⑤、所収）。

そう考えての決断だったが、社会大衆党は一一月半ばの第六回党大会で、民族主義、労資協調、産業奉仕のスローガンをかかげて国体の本義を尊重する新綱領を発表し、「広義国防の徹底」を政策に掲げた。その新綱領発表の五日後、宮中に大本営が設置された。

ファシズムの政情はその質を一変させようとしていた。唯研第六回総会は延期となった。

『世界文化』検挙　一九三七年秋

一一月七日の朝、早川二郎が池袋近くの長崎に平田小六を迎えに行った。早川は山歩きが好きで、よくあちこちの山に一人で出かけていたが、この日は秩父の山に平田と二人で行く約束だった。しかし平田は二日酔いで、結局早川一人で秩父に向うことになった。

初日はいい天気で惣小屋に泊まったが、翌八日は前夜半から続く氷雨の中を、予定通り将監峠への数時間の登りをたどった。しかし全身ずぶ濡れになり悪寒と激しい疲労に襲われたまま、なんとか将監峠の武州小屋にたどり着いたものの小屋には薪もなく、早川は暖を取れぬまま激しい睡魔に襲われた。

数日して山梨県側から来た猟師が早川の遺体を発見した。遺体収容はそれから数日を要し、早川の家族と森宏一が三峰神社で遺体を確認したのは一四日夕刻になった。平田は「装備に油断がなければ……一緒であれば凍死など……」と早川の死を悔やんだ。二〇日に自宅で無神論葬が行われ、「唯研ニュース」(第八四号、三七年一二月一日)が早川二郎追悼特集を組み、『唯研』第六二号(三七年一二月)に岡林辰雄筆の略歴と、戸坂と森の「追悼のことば」が載った。

早川は東京外語学校の露語部をへてプロ科のソヴェート研究会に所属し、プロ科の一斉検挙後は唯研会員として古代史を研究、「アジア的生産様式」をめぐって服部之総や相川春喜らと激しい論争を続けた。戸坂に言わせれば、早川は「恐ろしく我武者ら」で「嶄然《ざんぜん》たる性格と烈々たる意志の人」であり、相川に言わせれば「最も激しい論敵」であった。伊豆公夫は「涯しない　激論の後別れたが　夜半の駅に止まつてゐた時計」と早川の死を悼んだ。ソビエトの文献を自由にこなし、進歩的な歴史の専門家を失った損失は大きかった。あとには妻の喜久代、真理《マリ》と目勝《マガツ》の姉妹が残された。

戸坂や森らが不明の早川に気をもんでいた一一月八日早朝、『世界文化』の真下信一、中井正一、新村猛、斎藤雷太郎らがそれぞれ自宅からまっすぐに京都五条署に連行された。『世界文化』は第三四号、『土曜日』は第三三号（通巻四四号）で、その発行が途絶えた。

『世界文化』の面々に、強弱の違いはあるものの警戒心と覚悟はあった。この春、フランスへ留学する桑原武夫（1904.5生、フランス文学者）がその出発直前、同人たちに向って「『世界文化』での反ファッショ運動はいいが、このまま行けるとは思わない。覚悟はあるのか？」と心配気に言ったことがあった。中井正一は「君は『ベンガルの槍騎兵』を知ってるか？ 奴らの最後の大突撃。隊長の号令に槍を地面と水平に伏せて、突っこむやろ。『世界文化』もね、槍はもう水平になっているんや。『世界文化』だけやない、日本中がそうだがね」と答えた。中井にとってもはや敵前逃亡は許されず、覚悟をもって抵抗するだけであった。

新村猛は少し楽観していた。……もともと『世界文化』の活動は学問の自由を守ること一つに限定しているし、秘密もない。編集会議や月一回の合評会にしても、どんな形の政治討議もしてこなかった。だいいち美濃部達吉と対極にあって政府筋にごく近い上杉慎吉さえ『日本帝国憲法概論』で、「思想は刑罰の対象にならない、行為だけが対象になる」と書いているし、『世界文化』でさかんに紹介している「人民戦線」についても、当のフランス共産党書記長トレーズが「人民戦線は資本主義枠内での改革で、社会主義革命は目的ではない」旨を書いている。まさか逮捕や検挙はないだろう……。

そんな思いの新村が「みんな変名で執筆しているからね」と応えると、桑原は「変名を見破れぬほど、特高はボケてはいないぞ」と、重ねて警戒心を促した。

しかし新村は五条署に留置されてはじめて、自分の甘さを思い知った。連行された日、新村は『世界文化』のことを話せば取り調べは午前中で終り午後は大学に出勤できると考えて折鞄《おりかばん》を持って家を出たが、『世界文化』のことはさっぱり訊問されず、もっぱら小林陽之助（1908.7生、社会運動家、一九四二年二月獄死）の写真を見せられ、知人との関係・接触のことなどを訊かれた。小林陽之助がコミンテルン大会の決定を日本に伝えるためにモスクワから昨年夏に帰国し、禰津正志や大岩誠（1900.7生、政治学者）などと接触していたのを新村は知っていたが、それを言うわけにはいかない。……桑原武夫の忠告をもっと真剣に考えるべきだったのかもしれない。半年前検挙された同級生、文学同人誌『リアル』の田中忠雄（1905生、禅研究家）も、滝川事件の最中に逮捕された長谷部文雄、住谷悦治教授らも、共産党への資金提供によるシンパ・同調者として検挙されたのだから、その点にさえ注意を払っていれば大丈夫だろうと考えていたが、それもこれも甘い考えだったのだ……。

中井正一と真下信一は、新村が留置場の廊下を通り過ぎるたびに、ガンバレという目顔を送ってきた。その目顔は、「治安維持法違反で逮捕されたのだから、しっかりやれ」と言っているように思えた。新村は本庁から来た特高水越警部補への抵抗を開始した。

水越警部補とのやりとりは、なかなかかみ合わなかった。マルクス主義を説明しても水越は少しも理解できず、「唯物論者は必ずしもマルクス主義者ではなく、マルクス主義者必ずしも共産主義者じゃない」と言ってもキョトンとするばかりであった。また「警察に引っ張られて共産主義者に転向させられ、そのあとで共産主義は間違った思想だから再転向しろ。そういうと言うことですね」と言うと、「エーッ、エー」と驚きの声をあげる始末だった。まもなく五条署は中井、真下、新村三人を切り離すため、中井を川端署に、真下を下賀茂署、新村を松原署に移した。

真下信一は逮捕前日の夜、妻の実家でラジオの音をかなり絞り込んで、ソビエト革命記念日のハバロフスク放送を聞いた。ファシズムの荒れ狂う国で、革命記念を祝う音楽を聴くのは不思議な興奮であった。真下は真夜中に帰宅し翌日の講義の準備をして三時頃床に着いたが、その朝の突然の特高来襲であった。

逮捕の翌九日、真下も取り調べを受けた。「なぜこんな『世界文化』を出したのか」「真理というのは大事だから」と答えると「真理もへったくれもあるもんか」と警部補が上気して怒鳴りちらした。その言葉にカーッとなった真下はテーブルをたたき「バカヤロー」と怒鳴り返した。警部補は「よしッ」と言うなりほかの巡査を呼び、真下を独房に放り込んで半月ほど取り調べもせずに放置した。放置されるのは取り調べよりも、苦しいものであった。いったい何のカドで、いかなる関係で監禁され、ここに座っているのか、いつここを出ることができるのか……。

半月たって真下は下賀茂署に移され、ようやく本格的な取り調べが始まった。しかし『世界文化』のことはほとんど訊問されず、小林陽之助の写真を差し出されては「こいつを知ってるだろう」と、非合法活動の人間とのつながりだけを追及された。彼等にとっては共産党も反ファッショも同じ穴の狢《むじな》、反ファッショは共産党の「為ニスル」行為そのもの、治安維持法違反そのものであった。

一二月半ば、日本軍の南京占領と大虐殺事件があった。湧きあがる旗行列の歓声が留置場にも聞こえ、真下は瞑目するしかなかった。

執筆禁止　一九三七年冬

一二月一五日、加藤勘十や荒畑寒村ら日本無産党や全評(日本労働組合全国評議会)[3]、労農派の活動家四四六人が検挙される第一次人民戦線事件が起きた。当局は検挙された者の随筆や映画時評にいたるまですべての文章の雑誌掲載を禁じ、事件を発表した一週間後には日本無産党と全評とに結社禁止命令を出した。

同じ一五日、内務省を会場にした定例の出版懇話会が開かれた。きっかけは「従来動《やや》もすれば検閲官庁と出版業者の間に醸し出された背反的な空気、それはこの重大時局に於てこそ完全と一掃され、両者の隔意なき融合が必要」として、日本読書新聞社が主催した検閲当局と出版業者の懇談会で、それ以来出版懇話会は一〇月半ばから毎月第三水曜日に開かれていた。ときには社長や役員の参加も命じられて、差し止め事項の通達や編集内容への注文、好ましからざる記事・論文への批評など、編集企画への干渉が常態化していた。

その日の出版懇話会では、人民戦線派の現状の説明があった。このなかで内務省警保局は、反ファシズムを掲げることは治安維持法に抵触する、コミンテルンのスローガンに同じものがある、これは立場の如何を問わずコミンテルンに同調するものと認定する、と言った。出版社側から異議の声が上がったが、当局はこれを無視して、さらに発売禁止処分の説明を続けた。そこでは出版社側の質問に答える形で、執筆が好ましくない著述者として中條（宮本）百合子、中野重治とともに戸坂潤の名があげられた。

この懇話会に出席していた日本評論社の石堂清倫（1904.4生、評論家）と校正担当の伊豆公夫は「いずれ唯研自体を検挙するという示唆だろう」と考え、伊豆が戸坂の家に知らせにいった。しかし話を聞いた戸坂は、少しも動じなかった。

そして一二月二七日、内務省警保局が「自発的に執筆させないように」と、戸坂、岡邦雄、宮本百合子、中野重治、鈴木安蔵、堀眞琴、林要に「禁筆令」を内示した。「禁筆令」とは法的にはあり得ないことであるが、「執筆は勝手だが、新聞雑誌に掲載すれば発売禁止にする」といういわば掲載禁止令で、戸坂はこの「掲載禁止令」で、『科学ペン』『中央公論』『改造』『日本評論』などへの寄稿・掲載を絶たれた。この三月から『日本學藝新聞』（月二回刊）に連載してきた「読書法日記」も一五回[4]で終わり、科学論を集めて刊行準備が進んでいた『科学的精神』も印刷間際で中断せざるをえなかった。「禁筆令」は職業的文筆家にとって糧道を絶たれることと同じで、残酷な生殺しであった。

当時内務省警保局は唯物論研究会を「マルキシズムの拠つて立つ弁証法的唯物論を基礎とし、自然科学、社会科学及哲学を研究発表し、共産主義運動の基礎的理論を啓蒙普及し以て其の基本組織体たる日本共産党及コミンテルンの拡大強化に資するものたるの疑極めて濃厚なるを以て其の動向厳密注意中なり」(『社会運動の状況　九』昭和一二年度版、三一書房、一六三ページ)と見て警戒を続けていた。

言論統制の網は、ついに書き起こされた文章表現の適否から、書く人間の思想の問題に及んだ。戸坂は岡と連れだって、同じ「禁筆令」を喰らった中野重治を訪ねた。岡はさかんに権力側の敗北を強調したが、中野はそれを認めつつ「我方の敗北」をも認めずにはいられなかった。戸坂はあまりしゃべらず、「禁筆令」へのうまい対抗策、知恵は出てこなかった。

そのあと中野重治は宮本百合子と内務省警保局に抗議に行った。応対した検閲担当官は「個人名までは考えていなかったが、編集上判断に困るから内務省として執筆を希望しない作家、評論家を示してくれという要望が出版社側からあった」と応えた。やりとりの席上、わざわざ警保局に手紙を寄こして釈明した「禁筆者」がいたことも知った。もちろん中野と宮本は当局に釈明するようなことはしないが、抗議する以上の対策はやはり思い浮かばなかった。[5]

唯研解散　一九三八年二月

弾圧を避けるために、「唯研」をどうするか？　存続か解散か、あるいは第三の道はあるのか？　幹事たちの間には様々な意見があった。石原辰郎は最左翼で「研究会の名前も雑誌の名前も変える必要はない。このまま行く」と強く主張した。最右翼は岡邦雄で、「いまはパルチザンになって疎開すべきだ。唯研はきれいさっぱり解散した方がいい」ととなえた。刈田新七が生計の足しに早稲田大学の近くに開いた小さな酒場「ボロ馬車」でも、解散説と存続説とが激しくぶつかり合い、夜明けになっても片はつかなかった。向島の「雲水」で開かれた忘年会も同じであった。

その頃本多顕彰が戸坂に会った時、戸坂が唯研の活動をスリルを伴うスポーツのように言うので驚いたことがあった。本多は戸坂が特高に尻尾をつかませないよう慎重に振る舞っているのを知ってはいたが、心配になって「警察をからかうのはよせ」と忠告した。本多は特高が戸坂逮捕の口実がないのを口惜しがっていると小耳にはさんでいた。

唯物論研究会の解散・存続問題は、年が明けて激論となった。非公式に戸坂の家に集まった時も、論議はあとくされなき完全解散論と、現行のまま続行する「論」とが激しくぶつかった。これに対して、沼田秀郷と伊豆公夫が「形式を変えよう」という意見を出した。解散論は活動の「非」を認めることになるし、解散してもいずれ逮捕・弾圧は避けられない、ならば形を変えてやれるところまでやろう、というのである。戸坂も古在由重も、最後の抵抗の身構えとしてこの「改組継続論」

に傾き、戸坂などは「岡と石原を切ろう、最右翼と左派。そうでないとこれはだめだ」と言った。

その後も公式非公式に様々な角度から意見がでたが、結局、一月八日に開いた新年初の幹事会で「改組継続論」が大勢を占め、研究集会をやめて雑誌『唯物論研究』だけを残そうという結論になった。研究会開催をやめれば少なくとも一般会員に被害は及ばないうえに、研究発表の場を確保しわずかとはいえ稿料という「生活地盤」の一端を提供できるという判断もあった。

その日幹事会は「会の方針一新と事務局組織の一部変更」という声明を出した。「従来の定期的研究集会を中止し」、機関誌『唯研』は評論風の論文を清算して「純然たる学術雑誌たる本来の面目を徹底」すること、そして付帯条件として「禁筆令」を受けた岡幹事長、戸坂事務長が「会への迷惑を考慮して」、幹事をふくむすべての役から退くことを明らかにした。

だが、状況はさらに悪化した。二月一日、大内兵衛、有沢広巳、美濃部亮吉ら大学や高商・高専の教授ら三八名が「人民戦線運動による治安維持法違反」を理由に検挙された。第二次人民戦線事件いわゆる教授グループ事件であった。内務省は「今回検挙された者の原稿は、その内容の如何を問わず、雑誌その他の掲載を禁ずる」と各社に通告した。警保局課長は編集者を集めて「情を知ってこれを掲載した場合には、行政処分はもとより、ある程度の司法処分をおこなう」と宣告した。

共産主義に強い同情をもたず、「自由主義の人達に対しては親近感をもっていた」池島信平（1909.12生、編集者・戦後文藝春秋社長）さえ「怖ろしいファシズムの跫音が、とうとうわれわれの仕事のすぐ隣りまで来たということであった。正確にいえば、私たちの仕事のなかへ入って来たというべきであろう。これからくる怖ろしい時代の予感に暗澹たる思いがした」（池島『雑誌記者』）事件であった。この教授グループ事件以後、ジャーナリズムは急速に変貌を遂げ、「新時代」への便乗者が急速に増えていった。

もはや研究集会を中止しても、「唯研」を組織として維持するのはきわめて困難な事態となった。唯研幹事会は二月半ば、「二月十二日を以て本会解散に決す」と発表し、出版社化による雑誌と唯物論全書の刊行継続を確認し、残務整理委員会を設けた。昨秋開催すべき第六回総会を「今年は整理の都合により数十日延期する」（「唯研ニュース」第八三号、一九三七年一一月一五日）と告示したままの解散声明であった。

この声明では、先に新方針の実現を試みたが「翻つて会内外の事情の推移を察するに、この際、本会組織の解散を以て会のとるべき適切妥当な処置であると認められるに到つた。かくて我々はこの機会に於いて会を解散することに決したのである」として、「雑誌出版その他業務に関する諸件はこれを『學藝出版社』（仮称）に譲渡する」となっていた。組織は解散するが、ささやかでも言論・表現の自由を守り、言論での抵抗は続けたい、唯物論研究会を「學藝」発行所に変えてなんとか実質を存続させようというのであった。「あとくされがあっては弾圧がくる」と完全解散を主張していた岡邦雄は「往生際が悪い」と言って、その後事務所には顔を出さなくなった。

『唯研』最終号　一九三八年春

二月半ば、最後の「唯研ニュース」（第八八号、一九三八年二月一五日）が発行された。「二月十二日を以て　会解散に決す」という告示と合わせて、「回想・五ケ年有半……」が特集された。伊豆公夫は「さよなら『唯研時代』」で、「唯研時代というものが確かに一時期を画したことは永久に残るだろう」と書き、沼田秀郷は「思ひ出すことなど」で「とにも角にも、生きてゆくのだ、新しく生きる他ないではないか」とその無念さと新たな決意らしき感懐を記した。

往生際が悪いと事務所に来なくなった岡邦雄は、最後の義務を果たすつもりで「解散」と題した小文を寄せた。

……この足がけ七年じつにめまぐるしく、個人生活も多事多端であったが、「唯研に対しては少しく働き、多くご迷惑をかけ、差引して非常なお世話になつた」「この七年間は自分の一生にとつて異常に大きいプラスであつた。唯研そのものが、この七年間存在したことは日本の歴史にとつてどれだけ意義のあるものであつたか。それはもとより大したものではなかろうがその評価は今すぐには、誰にもできまい」と、正直な気持ちを吐露した。

事務長の戸坂は「無題」として、多少の感慨もないではないが、『學藝』が「眼新しい編輯の下に出版される予定だといふから、そのことでも胸に描きながら、未来を楽しんだ方がいゝと私は考へている」といつもの楽観主義を決め込んだ。ほかに本間唯一も森宏一も、新島繁も刈田新七もそれぞれ一文を寄せた。

「唯研ニュース」四面の「唯研映画クラブ版」も、「クラブ解散」を告げた。……わずか一年の活動であったが、「批評に、鑑賞に、見学に、研究に、色々と有益な仕事をして来、お互い親密さも増して来てゐた」ゆえに、メンバーにとって解散は辛い。ただ「今後益々映画芸術への関心が高まること、映画芸術への愛好、熱情に依つてお互ひに結ばれる機会がある」のを望むだけである……。映画クラブ解散によって、映画鑑賞会は一一月の「どん底」が最後となり、研究集会は一二月の岩崎昶を講師にした「モンタージュの理論」で終わった。会員投票による三七年度の「年間ベスト・テン」の選定は頓挫した。

これまで一度も発禁を喰らわなかった『唯物論研究』の最終号（第六五号）が、三月一日付で発行された。

最終号の表紙には、唯研マークの左側に同じ朱色で「機關誌最終號」と印刷されていたが、編集内容に大きな変化はなかった。森宏一「弁証法の性格」、伊藤至郎「数学の史的関心」、新島繁「ドイツ文学史綱要」などの論文のほか、「學界點描」があり「ブック・レヴュー」があった。ただ末尾に小題「最終刊號に寄せる」があり、石原辰郎の「さま〴〵な想ひ出」と刈田新七の「事務室の想ひ出」が掲載された。

石原は評論的なものや論争的な論文は『唯研』に大分書いてきたから、最終号には研究論文らしきものを書きたいと思っていた。しかし風邪を引き込んで論文執筆を諦めていたところに、本間唯一が思い出話なら書けるだろうというので、病み上がりではあったが応じることにした。石原の「さまぐな想ひ出」は、石井友幸との事務所初訪問、研究会の盛衰、苦労続きの『唯研』編集のエピソードなどなど、九頁に及んだ。しかし石原にとって、想い出話は悲しい挽歌である。「薬石効なく僅か七歳であえない最後を遂げた唯研を思ふと、数々の想ひ出はみんな涙の種」であった。

三光町の吉野裕（筆名・椎崎法蔵）のアパートに、本間が突然やって来た。深刻な顔つきで、唯研を解散することになった、全く別個に『學藝』を出すことになったが、『唯研』の最終号に何か書けというのは気の毒なので、書き溜めた原稿があるなら出さないか、と言った。吉野が公表する気のなかった国木田独歩に関する古いノートを押し入れから取り出すと、本間は「とにかく貸してくれ」と言って持ち帰った。

その「貸しただけの」未完の文章が、椎崎法蔵「國木田獨歩の生涯と文學――その少年時代」として最終号に掲載された。「他日纏まったものにする心算」との添え書きはあったが、本間のペテンに見事に引っかかり、吉野は「だから本間はタヌキ坊主と言われるんだな」と妙に納得させられた。戸坂がタヌキ坊主の意味で、本間を「タヌ一上人」と渾名していたのを思い出したが、後の祭りであった。

最終号のちょうど中ほどの頁に、「編輯主刈田新七、編輯室本間唯一、石原辰郎、森宏一」名で、「『學藝』發刊の挨拶」が掲載されていた。その挨拶には、唯研の営業的権利義務を一切継承して純営業社・「學藝」発行所を設立、『唯物論研究』を『學藝』と改題して四月号から刊行する、

「自由な、より広範な課題と範囲とを持つた雑誌」「新鮮、平明な學術雑誌たることをその念願」とする、とあった。『唯研』最終号の裏表紙には、「新編輯方針の下に」「現代知識人の座標　合理的精神の源泉」のキャッチコピーとともに、『學藝』四月号の企画内容が案内されていた。定価は「金六十銭」とあった。

『學藝』創刊　一九三八年春

学術研究団体から「學藝発行所」に衣替えした唯物論研究会は、研究集会のための場所が不用となったため、岩本ビル五階から三階の狭い部屋（約四五平方メートル）に移った。狭いとはいえ、ソファーが一つ、事務机四つが入り、五、六人が机を囲んで議論・談笑するぐらいの広さはあり、そこが「『學藝』編輯室」となった。研究集会はなくなったが、編集室には万世橋署の特高刑事が毎日のように顔を出した。特高は間を持たせるために石原辰郎などを引っ張り出して将棋を打ったりするが、その眼も耳も、署に報告すべき「何か」を探している様であった。

『學藝』創刊四月号は「科學と藝術」を特集して四月一日に発行された。表紙は朱色の『學藝』という題字の上に小さい文字ながら「『唯物論研究』改題」と印刷され、号数も『唯物論研究』からの通巻第六六号として、わずかに抵抗の意志を込めていた。

「『學藝』編輯室」の名による「発刊の辭」[6]は、ファシズムの非合理精神への抵抗の意志をやはり「奴隷の言葉」で見開き二頁につづっていた。「……『學藝』は科学と芸術との領域を一貫する理論雑誌である。之は文化全般に亘る学術雑誌である。科学と芸術を貫徹する合理的精神を探求し、之を評価することを使命とする」「合理的精神は人類社会の大道である。いや実在そのものの歩む途とも云ふべきだろう」「合理的精神はそれ自身が知識人の唯一の坐標である」「否、決して独り知識人には限らぬ、わが国民全般更に社会全般のために、この坐標を標識したいのである」……。

創刊特集「科學と藝術」には、伊豆公夫「アンシクロペチストと多面的教養」、伊藤至郎「鷗外に於ける科學と藝術」、石原辰郎「ありのまゝに見るといふことに就て」など四本の論考が掲載され、そのほかに単独論文が三本、新居格「支那文化の研究素描」、椎崎法蔵「日本洋學の一齣」、古在由重「論理學と認識論」が載り、シリーズ物として『唯研』から継続した「ブック・レヴュー」では一四冊の著作が紹介された。

『學藝』創刊1938年4月号

また科学文学者ともいうべきシートン、ファラデー、ファーブルのプロフィールを紹介する三本の「科學文学者評傳」や、科学者と芸術家に求めたアンケートなど、雑誌タイトル「學藝」を意識した編集内容になっていた。

その科学者と芸術家に求めたアンケートの設問は、「科学者は芸術家に、芸術家は科学者に何を要求するか」「雑誌『學藝』に対する希望」の二点で、時間の制約から回答は一二名に止まったが、回答の多くは発刊の意図「合理的精神」の徹底を望む声にあふれていた。「科学者に。ドイツ的な、どちらかといふと極端な絶対的なものの考へ方でなく、フランス的、イギリス的、アメリカ的な、明るい、常識的、生活的な科学思想をも、一般化することに努めていただきたく存じます」「科学者にも芸術家にも、本質的な教養を要求すべきだと思います」「科学的精神による一貫した編輯をお勧めしたいと考へます」などと、希望と要望が寄せられていた。

「編輯後記」は、自負と決意にあふれていた。……『唯研』最終号から短日時しかなく、意図したプランは十分ではないが、「内容の新鮮にして平明なること」「幾分なりとも、新編輯方針の具体的実践をなし得たものと信じてゐる」。編輯はプラン作成から割り付けまで全身を打ち込む作業だから、『學藝』を編輯者の分身と受け取って欲しい。「科學と藝術」の論策は絶えず取り上げるが、新居、椎崎氏の二論文は改題一号にふさわしく、「古在氏の雄篇、學術研究誌たる本誌の使命の一端を物語るものとして燦然たる観がある。今後少くとも一、二篇はかうした長編研究論文を以つて本誌を飾りたいと思ふ」……。そして裏表紙には従前の『唯研』同様、エスペラントの目次を付けた。

土屋保男（1915生、経済学者）は、『唯研』廃刊の報を一高前の古本屋で聞いたが、その時は来るものが来たと愕然とした。しかしそれが今、不死鳥のように『學藝』に引き継がれた。土屋は創刊号を手にし、レジスタンスの精神は脈々と生きている！と小躍りするほど嬉しかった。

この際『唯研』のバックナンバーを全部そろえて置こう。土屋はそう決めると、本郷や神田の古本屋を苦労をものともせず歩き回った。

さまざまに　一九三八年夏〜秋

もはや「唯物論」という言葉さえ危険な時代となった。しかしその言葉は使わなくとも、内実は伝えなければならない。……『唯研』を『學藝』に改題したように、「唯物論全書」は三笠書房の名前をとって「三笠全書」にしよう、「唯研ニュース」はがらりと装いを変えてタブロイド判四頁の『ダイジェスト』に変えよう……、これが「學藝発行所」の面々の思いであった。

四月半ば、『ダイジェスト』が創刊された。[7] しかし予告されたタブロイド判ではなく、B５判三二ページの小冊子に変わっており、定価も予告の三銭ではなく「一部十銭、年一円」となっていた。『ダイジェスト』で意図した「学界、論壇の時々のトピックを把えての論評、劇評、映画評、その他文化全般に亘る鳥瞰的見取図」を達成するためには、タブロイド判四頁ではいかにも窮屈であった。戸坂の積極策によって、発行形態はもちろん筆者もやや広げ、さらに『ダイジェスト』を駅売りすることにもなった。五月号表紙裏には「學藝界を鳥瞰する新雑誌」「生ける知識の有機的概括　現代文化の総決算」「獨特な要約・紹介・批評・論説　全文化人必讀の文字《（マヽ）》」と謳われていた。

「三笠全書」は「第三次唯物論全書」の未刊本をさらりと捨てた全く新しい全三二巻の新企画

表　三笠全書16冊（第一期計画全32巻）
（1938年4月～1939年2月）

書名	著者	刊行
教育學概論	小野久三	4月
日本上代文化史	早川二郎	4月
医学思想史	巴陵宣祐	5月
民俗学	赤松啓介	5月
東洋思想	秋沢修二	6月
近代兵学	本郷弘作	6月
技術史	桝本セツ	7月
短歌論	渡辺順三	7月
美術論	武田武志	8月
経済学説史	相澤秀一	8月
近代芸術	瀧口修造	9月
社会政策	江森盛弥	9月
世界文化史（注1）	加茂儀一	11月
国語国字問題	頼阿佐夫	11月
ルネッサンス	徳永郁介	2月
児童問題	野口樹々	2月

（注1）　本書以下、『証言・唯物論研究会事件と天皇制』による。
（注2）　未刊（17冊）――文化政策（三木清）、批評論（本多顕彰）、萬葉精神（椎崎法蔵）、古典作家研究（新島繁）、一般芸術史（甘粕石介）、日本工芸史（満岡忠成）、日本文学史（和井英一）、建築論（山口蚊象）、考古学（三澤章）、奴隷制論（辰巳経世）、日本社会史（伊豆公夫）、社会政策史（石川洋）、日本科学史（伊藤至郎）、生物進化論（大行慶雄）、数理哲学（皆川宗橘）、統計数学（三野良信）、心理学（山岸辰蔵）。

となった。三次までの「唯物論全書」が営業的に成りたっていた三笠書房に異論はなかった。四月に第一回配本として小野久三著『教育學概論』と故早川二郎著『日本上代文化史』の二点が刊行され、「刊行の趣旨」には「不滅な合理的精神を以て」「時代の魂を揺り動かし、知識人の良心と知性とに訴へるものを網羅する」とあった。

府立第五中学校を退学した鶴見俊輔（1922.6生、哲学者・評論家）が、親のはからいでアメリカに留学することになった。鶴見はまだ一五歳であったが、一冊が小さくて値段も安く読みやすい唯物論全書を一〇冊以上は買い込み読んでいた。印象的だったのは『芸術論』や『明治思想史』、『映画論』や『現代哲学』であったが、特に鮮やかに思えたのは古在由重という人の『現代哲学』だった。鶴見はこの本で唯物論とその批判者について知ったばかりか、プラグマティズムと論理実証主義についても知ることができた。古在の本は論敵の原書を読み込んでその著作をゆがめないで書いているようで好ましいものに思えた。もはや日本の店先で「全書」を手に取ることはできないが、『日本資本主義発達史講座』などの「左翼本」が店先から消える中、「三笠全書」の健闘を祈らずにはおれなかった。

『世界文化』の新村猛が手記を書き上げたのは、その夏である。新村は五条署から松原署、堀川署とたらい回しにされて、翌三八年一月西陣署に移されていた。西陣署の中西特高係長は、「真下、久野、大岩は既に手記を書いて今は山科の拘置所にいる。お前も早く手記を書け」と執拗に迫った。中西は久野収と大岩誠の手記を見本として持ってきたが、とても読む気にはならなかった。しかし仲間たちの様子を知った新村の苦悩が再び始まった。

……日中戦争は長引くに違いない。この戦時下、抵抗して無罪・釈放となるには際限のない年月が必要だろう。抵抗するか、甘んじて早期釈放の打算をとるか。ひねもす独居房で無為に過すのも耐えがたい苦痛だ。生まれたばかりのまだ見ぬ次女桃子を含めて家族三人を長期にわたって親元に置いておくのも気がひける……。

新村の煩悶はそれから三ヵ月も続いたが、観念してその春から手記を書き始めた。共産主義者と一旦認めてさらに再転向するのも屈辱的だが、まだ検挙されていない和田洋一や滝川幸辰教授たちに累が及ぶのを未然に防ごうという気持ちもあった。「思想犯」の手記には、「犯罪事実」のほかに「思想の推移過程」と「共産主義の認識」が求められるが、新村はさらに「人民戦線の認識」「フランス政治史概観」「日本政治史概観」を加えた。できるだけ完成を遅らせるのと同時に、この逆境を利用して自分の課題としたこの三つのテーマを整理しておこうという思いがあった。

中西特高係長は「共産主義運動についてさえ記述の仕方が他人事のようだ」とか「君はなぜ君主制を使って天皇制という言葉を使わんのかね」と不服を言ったが、中西自身が調書を作るときは新村の手記を斟酌しつつも君主制を天皇制に改めるなどした。そして最後に「上記ノ如キ主旨ノ論文ヲ執筆シ掲載スルコトニ拠リ、日本共産党ノ拡大・強化ニ資センコトヲ企図」したと書いて、新村に拇印を求めた。中西は「反戦反ファシズム＝《イコール》人民戦線、人民戦線＝コミンテルンの戦術、コミンテルンの戦術＝共産党の拡大強化、共産党の拡大強化＝治安維持法違反」という当局の認識の線で、『世界文化』の内容と編集活動を共産党の拡大強化に結びつけ、新村を治安維持法違反に問おうとした。

『學藝』と『ダイジェスト』の編集会議、編集作業は毎週一、二回もたれ、戸坂潤、伊豆公夫、沼田秀郷、新島繁、伊藤至郎、本間唯一、森宏一、古在由重が欠かさずに参加した。この八人は、唯研を学芸発行所として継続させた責任があり、編集作業ばかりでなく執筆でも大いに奮闘して責任を果たした。戸坂もまた「禁筆令」をかいくぐるように、春以降ブック・レヴューをほぼ毎月執筆し、秋には「〈學藝談話会〉認識論の現代的意義」に出席、さらに本格的な論文「クリティシズムと認識論との関係」を発表した（いずれも『學藝』一〇月号。論文は『戸坂潤全集』③、所収）。

『學藝』は毎号特集を組み、『唯物論研究』よりもかなり広い執筆者を登場させた。特集は四月創刊号の「科學と藝術」をはじめ、「東洋文化の研究」「長編小説の分析」「教育と社会」「日本文学・過去と未来」「読書術」「現代哲学の任務」「文藝評論の性格」と順次続いた（五月～一一月号）。いずれも日本民族優越論が神がかり的に高唱され、反動的出版物や言論が横行して精神文化が停滞萎縮するなか過去を合理的にとらえて、そこから将来の道を引き出し乗り越えようとする合理的精神からの特集企画であった。ただ言論の窮屈さから企画内容が政治・経済・歴史に及ばず、文芸中心とならざるを得なかった。

それでも古在由重は駕籠町、秋には転居した巣鴨駅近くの自宅から、毎週岩本町の市場ビルまで自転車をとばして編集会議に参加した。特高が頻繁に顔を出し、発禁処分のことを考えると緊張感はあったが、仲間たちとあれこれ企画を話し合って作業を進めるのは大きな楽しみで、編集室はいわば心安らぐ「我らが城」であった。

その頃、日本評論社の石堂清倫は、出版懇話会にやむなく参加しながら二つの企画を進めていた。一つはペンギン・ライブラリーのようなハンディでコンパクトな「日本社会の文化的思想的分析シリーズ」で、三木清や林達夫らの意見を聞きながら、四〇点ほどの素案を作っていた。もうひとつは『支那問題講座』で、やがて行き詰まるであろう対中国政策を予期して、アジア諸民族を非暴力的手段で結合させる方途を探るため、尾崎秀実（1901.4生、ジャーナリスト・中国研究者）を責任者にしてプランを進めていた。

しかし両企画とも、七月の石堂の退職で頓挫した。石堂が退社を決意したのは、表面的には社長が「稿料が高すぎる」とそれらの企画を了解しないことであったが、石堂の動静を社長が内務省図書課にいちいち内報していたのがわかったからであった。官憲に内通されてまで仕事を続ける気はなかった。退職した石堂は、七月半ば満鉄調査部の資料課員として大連に渡った。

この時期、国内の行き詰まる空気を忌避して、知識人たちやジャーナリストの渡満が続いた。唯研関係者も例外ではなく、平田小六が日本を脱出して天津に着くと、一足先に長谷川一郎が中国に渡っていた。

同じ夏、吉野裕の北京行きの送別会が新宿で開かれた。「タヌ一上人」こと本間唯一が吉野を物陰に呼んで、戸坂の伝言を伝えた。「送別会に自分が出れば、みんなに迷惑をかける危険がある。残念だが出席しない。よろしく」と。

さらに九月末、雑誌『改造』の編集者水島治男（1904.2生）が軍属として中国に渡るというので送別会がもたれた。戸坂や三木清、徳田秋声や中島健蔵、武田麟太郎らが参加したが、席上武田が戸坂の隣席に座った中島の尻をつついて、さも用事ありげに離れた隅に中島を連れ出した。

そして「戸坂と親しそうに話をするとあぶないぞ、気をつけろ!」と言った。中島は、武田の友情なのか友情破壊なのか判断はつかなかったが、日本浪漫派に走った者を除いて「人民文庫」グループを結成し、第一次人民戦線事件を機にやむなく廃刊にせざるを得なかった武田麟太郎にしてこうだ、と改めて時代の「進み」、ファシズムの抑圧的空気の強まりを実感した。

検挙・訊問　一九三八年晩秋〜

どんよりと曇った一一月二九日の朝六時、戸坂潤、石原辰郎、本間唯一、森宏一、刈田新七がそれぞれの自宅で逮捕された。この五人は、早稲田の「ボロ馬車」を引き払って池袋に転居した刈田の新居で前夜深更まで引っ越し祝いをやって、数時間前に別れたばかりであった。同じ朝、古在由重はトイレにいこうと襖を開けたとたん刑事に踏み込まれ、伊藤至郎、沼田秀郷、新島繁、伊豆公夫、永田広志、石井友幸、そして「往生際がわるい」と唯研を去っていた岡邦雄もそれぞれの自宅で逮捕された。全国で三五名が検挙された第一次唯物論研究会事件で、ほとんどは唯研の元幹事たち、『學藝』の編集者たちであった。

市場ビルの学芸発行所が、四、五人の私服に襲われたのは午前九時過ぎであった。刈田新七の世話で昨年の夏採用された志村少年(不二夫、一五歳)がストーブに火を点けようとしていた時であった。志村少年は、机の引出しや本棚を引っかき回す私服たちに一瞬呆然《ぼうぜん》としたが、そのあと猛然と腹が立ち、私服の眼を盗んで製本屋から届いたばかりの『學藝』二冊をつま先でストーブの脚の隙間に押し込んだ。製本が完了していた『學藝』一二月号は製本所ですべて官憲に押さえられ、事務所に届けられたこの見本本二冊だけがかろうじて志村少年の機転で残った[8]。

翌日、大学を出て「役人の端くれ」になっていた土屋保男が、『學藝』一二月号を本屋に取りに行くと、本屋の親仁が「唯研が昨日やられた」と言った。洲崎警察署の真裏に住んでいた土屋はあわてて、すべての「左翼本」を安全と思われる友人に預けた。

戸坂らが全力をあげて最後の砦にしてきた唯物論研究会、学芸発行所が、吹き狂うファシズムの凶暴な弾圧によってことごとく壊滅させられた。雑誌『唯物論研究』『學藝』は合計九四冊、『唯物論全書』『三笠全書』は計六六冊を数えて終焉を迎えた。

岡は麹町署、古在と石井は巣鴨署、戸坂は杉並署一房に収監された。短い拘留・収監の経験は二度ほどあるが、戸坂は今回はそうも行くまいと覚悟を決めた。拘留は普通二九日が限度だが、「思想犯」はその期限がくれば検束を繰返す「検蒸し」という方法で、一年も二年も監房生活を強いられるのが当たり前になっていた。

雑居、板張りにゴザ一枚、栄養とカロリー不足の箱弁当の連日。しかも蚤・虱だらけの風呂なし、談話も運動も禁止され、用便も時間決めの一日四回という過酷な日々が続く。腹が減り、少ない食事量で通便が止まり、水もないので汗も出ない。そうした生活を強いられて、前科何十犯の豪の者も一ヵ月もすればすっかり参って官憲に頭をさげるのである。それがまた彼らの狙いで、思想犯はそれが長期にわたった。戸坂は、あらゆる条件を生かして健康を保とうと決意した。

古在の逮捕理由には、唯研と『學藝』での活動に加えて、京浜労働者グループの学習支援活動と当局が「コンミュニスト・グループ」として目を付けていた自主的学習グループの活動があった。京浜労働者グループでは三菱重工や東京計器、東芝堀川工場の青年労働者たちが共産党再建を展望しつつ職場で反戦運動を展開していたが、古在は一高時代の同期生尾崎秀実と松本慎一（1901.11生、国際問題評論家）の依頼をうけて、この春からレーニンの『帝国主義論』や『カール・マルクス』のチューターを続けていた。すでにこの九月と一〇月に、グループメンバーのほぼ全員にあたる三〇名が検挙されていた。「コンミュニスト・グループ」は当局がそう名付けただけで、実態は古在が松本慎一や菅豁太などと山田盛太郎著『日本資本主義分析』の講読会や、尾崎秀実を講師にした「支那の現状を聞く会」などを開くゆるやかな組織だった。

古在の取り調べは収監後四ヵ月放置されたあと、唯研、京浜労働者グループ、「コンミュニスト・グループ」についての追及が翌三九年の三月から始まった。特高第一課の警部補片岡政治は、若い学生をつかまえると必ずお前らの雑誌や本をもっていると、古在を責めた。慶応大学で二四名、東京農業大学で一〇名が、「唯研」指導のもとに研究会を開き左翼理論の研究宣伝機関にしようとしたとして、唯研事件と同じ頃に検挙されていた。[9] 古在はこのとき改めて唯物論研究会が若い学生や労働者たちに与えた影響の大きさを知った。

しかし、唯研や学芸社の活動・執筆だけをもって、治安維持法違反を問うことはできず、特高は人民戦線運動への寄与、学生との関係、共産党への関与、三二年テーゼ[10]の実践などを執拗に追及した。

石原辰郎は警察で、「『學藝』に改組したとき、きれいさっぱりやめておったらよかったんだよ」と言われたが、信じられなかった。どんな形にしろ彼らは検挙の時期だけを考えていた筈だ、ウソだ、と思った。予審判事の石田和外（戦後最高裁長官）は、調書に「天皇制の転覆を企図していたというのを一行入れろ」と言った。三二年テーゼが提示した「絶対主義的天皇制打倒」は共産党の最大の任務であった。石原が観念してその一行を入れると、「これでいいんだ。拇印をおせ。私有財産の否定なんてもう問題じゃないんだから、この最後の一行、これだけでいいんだ。いままできみが書いたこの長いやつ、これ全部不要なんだ」と言った。やはり最大の決め手は、共産党との関係、天皇制打倒、その方針の実践であった。伊豆公夫も同じように、手記に「コミンテルン及び日本共産党のためにすることを目ざして」と入れるように強制され、沼田秀郷は学生の組織化を追及された。

森宏一を調べた高木という特高も、執拗に「共産党との関係」を聞き出そうとした。森が「共産党が組織として世間に存在しているか、どんな活動をしているか知らない」と答えると、「じゃ、野坂参三がモスコーにいるのを知っているか」と突っこんできた。そのあと森の担当が新任の元署長に代わったが、特高としての必要な知識がなく「俺が調べる役なのに、こっちが知らなくちゃ困る。マルクス主義用語の字引を書いてくれ」と言った。森は警察が押収したものを参考にしなければできないと言って押収本を出させ、留置場を二、三日出てブハーリン『史的唯物論』

などを通読して懐かしんだあと、簡単な字引を作ってやった。新米特高は喜んで「ありがとう」と礼を言った。しかし追及が緩むことはなかった。

第6章　獄死　一九三九年〜四五年

それぞれの日々　一九三九年〜四〇秋

年が明けて三九年に入ると、地方会員の検挙が始まった。

福岡市立商業高校教諭山川康人（筆名・標哲郎）が、一月に入って検挙された。山川は在京時代に入会し、研究会への参加、『唯物論研究』への寄稿を続け、三六年からは福岡商高に赴任して修身と国語を担当していた。修身科の授業では「社会と階級」「質素倹約」「社会と国家」などをテーマに、資本主義制度の不合理や階級対立、貧乏人と億万長者の存在、民主主義国家と独裁国家の違いなどを積極的に講義した。しかし赴任一年後の夏には身の危険を感じて唯研を退会したものの検挙されたのである。検挙理由は、若い学生たちに無産階級解放の啓蒙を行い、社会主義への歴史的必然性を示唆し、「御製講読」授業の手を抜いたこと、ドストエフスキーの『貧しき人びと』やゴーリキーの『勇者』を生徒に貸与したうえ、校友会雑誌の合法性を利用して共産主義を啓蒙した、というものであった。

兵庫の長井一男はその秋に逮捕された。刈田新七の勧誘で彼もまた在京時代に入会して百何回も研究会に出席していたが、三五年秋に兵庫県に転任になった。長井は唯研幹事の辰巳経世（本名・田中常世、1899.1生、経済学者）らと吹田でサークルを作り、マルクスの『賃労働と資本』や戸坂の『日本イデオロギー論』を取り上げ、サークル拡大のため組織した西宮のサークルでは朝鮮人を含めてエンゲルス『反デューリング論』講読や、戸坂を東京から呼んで座談会などを開いた。唯研解散後はしばらく静観していたが、同人誌『新文学』や『演劇雑輯』に関わって逮捕となった。「唯研の本質」を知りつつ左翼理論を研究・啓蒙、「合法を偽装して相当活発に活動した」というのが理由であった。

当時の警視庁、内務省の唯研観、つまり「唯研の本質」は「唯研は自然科学、社会科学及び哲学に於ける唯物論一般の研究啓蒙に名を藉り理論活動の分野に於てコミンテルン竝に日本共産党を支援する為、共産主義の基礎理論たる弁証法的唯物論を研究して所属会員等の理論的水準を高むると共に大衆に対し其の啓蒙運動を為すことを任務とする結社なり」（内務省警保局編『社会運動の状況』⑫、昭和一五年、三一書房復刻版）というものであった。

この認識にそって検挙されたメンバーたちは、本庁からの出張訊問を受け、「聴取書」への署名と拇印を求められ、最後に手記の提出を強要された。

当局にとって手記は、治安維持法一条一項後段の「目的遂行ノ為ニスル行為」を立証するうえで欠かせないものであった。そのため唯研関係者の手記は、ニュアンスの違いこそあれ、次のような記述を求められた。唯研の創立者が共産党の外郭団体であるプロ科のメンバーであったこと、唯研の基礎理論が「プロレタリアートの世界観であり、共産主義の基礎理論であること」、「現実的な諸課題から遊離することなく」という規約第一条は、唯物論の研究とその啓蒙を目的にしたこと、唯研後半の活動は文化領域に於ける反ファッショ的、人民戦線的活動を重視したことなどであった。

ノモンハン事件が起こされた三九年の春から夏にかけ、戸坂と岡邦雄は同題の手記「唯物論研究会に対する認識」を求められ、書きあげれば訂正を命ぜられて数回書き直した。そのあと岡は「執筆論文・評論の内容」をまとめ、古在由重も秋になって「現在の心境と将来の方針」を提出した。

取り調べが終わり手記を書けば、あとは検事局への「送り」（送検）を待つだけであるが、懲罰的に引き延ばされるのが「思想犯」で、ふたたび留置場の日々は単調な日々に戻る。シラミ採りと南京虫つぶし、看守の眼を盗んでの煙草の回し飲み……、唯一の楽しみは家族との面会だけであった。

看守も人によって人間味は違うし、警視庁本庁と違って所轄署は思想犯を「預っている」にすぎないから、思想犯をうまく使ってさまざまな手伝いをさせる。「一房の大将」と呼ばれるようになった戸坂は、看守の手伝いや雑役を理由にしてよく房外に出歩くことを認めさせた。看守の方でも「大将」からいろいろ学ぼうとして、戸坂の話をよく聞いた。時には唯物論を説くこともあった。戸坂は留置場生活のなかでもそうすることを含めて「認識論」を再検討し、いずれ体系的に書き直すという希望を捨てなかった。

杉並署には、俳句好きの巡査部長藤井某がいた。彼の泊まりの晩、戸坂は気晴らしの句会を楽しんだ。その句会は、互選で得点の多い句が読み上げられ、天地人、秀逸などが決められたあと作者が名乗り出るという形で進められた。戸坂は、ローザ・ルクセンブルクにちなんだ薔薇亭《しょうびてい》華《か》城《じょう》を俳号に、いくつもの句を作った。「蒸せ返える青葉祭りや猿の村」が天をとり、「氷」の出題で詠んだ「出稼ぎの漁夫氷山をじつと見る」が地に、「唐辛子」の題で「唐辛子赤くなるころ嫁の来る」が人をとった。受賞はならなかったが「川越や一味徒党を芋づるに」には、戸坂のユーモアのセンスが生きていた。芋で有名な川越のバクチ打ち連中が、芋づる式に一斉手入れされて留置場にやって来た様子を詠っていた。

しかし獄外に残され、幼い子どもたちを抱える家族たちの生活維持は、監房生活とは別の苦労があった。

桝本セツは、「うるさいから二、三年帰ってこなくていいのよ」などと強がりを言っていたが病身の弟を抱える苦労があったし、古在の妻美代は生活のたしに下宿人を取ったり一枚四厘のカード書きの内職を続けた。美代は昔の街頭連絡時の検挙を理由に保護観察に付されていて、たびたび保護観察所に呼び出されることがあったが[1]、その呼び出しや古在への差し入れのついでに、よく戸坂の留守宅を見舞った。

母の久仁子は戸坂のように体格のいいお婆さんで、息子が逮捕されても弱ったところは全くなく、逆に特高への怒りは強く「くだらん奴らがなにをして居《お》る！」といった調子で意気軒昂だった。しかし日常の生活は大変で、戸坂逮捕後、イク夫人は結婚前の教師経験を生かして日本高等女学校家政科に職を得て、なんとか家計を支えていた。久仁子はイクを稼ぎ手に専念させ、息子潤への差し入れは自分で準備した。

四〇年一月末には唯研第二次検挙があり、甘粕石介、岩崎昶、高橋庄治、高沖陽造（1906.4生、文芸評論家）ら主な会員・寄稿者一五人が検挙された。留置場の冬は寒く、夏は風も入らぬギュウギュウ詰めの房内はまさに生き地獄で、思想犯たちは惨憺たるその状況に、肉体的にも精神的にも苦しみぬいた。

ようやく四〇年春になって、戸坂らはそれぞれ東京地裁の予審判事に呼び出されて訊問を受け、そのまま巣鴨の東京拘置所送りとなった。東京拘置所は当時二階建ての獄舎が六棟あり、各階の左右両側に三〇ぐらいの房があった。留置場とは違って、そこでは週一回の風呂や一日五分の運動があり、検閲はあるものの本の持ち込みや家族への手紙も可能で、その待遇には雲泥の差があった。しかし「獄暮らし」の単調さと苦しみは同じだった。

保釈　一九四〇年秋～

その秋、昭和研究会が解散となった。

昭和研究会は軍部の暴走を防ごうという意図をもって、近衛文麿の旧友後藤隆之助によって三六年の秋に正式に発足したが、三木清が所属していた昭和研究会のひとつ文化問題研究会は、そのメンバーにとって密偵潜入の心配がなく思い通りを言っても危険のない「住み心地」の良さがあった。メンバーには元唯研会員も多く三枝博音、船山信一、林達夫、笠信太郎、中島健蔵らがおり、時には本田喜代治、樺俊雄、山崎謙、相川春喜、秋沢修二らも顔を出して、三木の「論理学」や「認識論」、『構想力の論理　第一』などの報告を聞き討論した。しかし文化統制と検閲が強化されるなか、昭和研究会は「重臣ブロックの手先」とも「人民戦線だ」とも噂され、三木を攻撃目標にした組織的なデマが飛び始め、結局解散となった。中島健蔵は日記に「昭和研究会解散決定の報きたる。（アカと見られたためという）」（中島『回想の文学』Ⅳ、二七八ページ）と書いた。

同じ秋、第二次近衛内閣のもと大政翼賛会が結成されると、三木と中島はその文化部長に岸田国士（1890生、劇作家・小説家）を推薦した。二人には「軍人や官僚に文化統制の元締めをやられたらおしまいだが、岸田さんなら一縷の望みがかけられる」（同、二八五ページ）との考えがあった。たしかに、岸田への文化界の支持は予想以上に大きく、官僚統制に対する防波堤として岸田が身を挺して立ったのだという認識は広い範囲にわたった。しかし、三木や中島ら多くの文学者たちの思惑や善意の抵抗にかかわらず、大政翼賛会結成後、ファシズム体制は盤石となった。

東京拘置所暮らしが半年過ぎた四〇年の暮れ、予審判事の最後の訊問をひと通り終えた戸坂らは、それぞれ異なる日ではあったが「保釈決定」を受けて釈放された。世は「皇紀二六〇〇年祭」で浮き立っていた。

二年ぶりの「シャバ」の空気は清冷だったが、戸坂らの当面の関心は、獄中二年で著しく落ちた体力と健康の回復、生活のための生業、そして裁判準備であった。

岡邦雄は保釈されると、桝本セツとともに青山高樹町の青山ハウスに「新世帯」をもった。保釈されたとはいえ、週に一度特高が青山ハウスに顔を出した。監視は強まる一方で翌四一年三月には、再犯の恐れある刑期満了者だけを対象にしていた予防拘禁制度が、執行猶予者と保護観察下の思想犯にも拡大された。その保護観察下の岡ではあったが、ごく近くに住む三枝博音を、懐かしい思いで訪ねた。三枝は唯研を離れはしたが、『唯物論研究』に実名や筆名で論文を寄せ、鳥井博郎とともに『日本哲学全書』（全一二巻、第一書房、一九三六年刊）を編集・刊行し、その頃は江戸時代の唯物論者「三浦梅園の哲学」を執筆中で、地道な哲学研究を真摯に続けていた。

その春、東京文理科大助教授として上京した下村寅太郎（1902.8生、哲学者）が戸坂を訪ねた。下村は京都帝大哲学科で戸坂、中井正一の二年下の後輩であった。その日不在だった戸坂は、翌日詫びもかねて下村を訪ねて、よもやま話の一つに獄中の話をした。「獄中で一番苦痛だったのは、人と話が出来ないことだった」。その淡々とした話しぶりは、保釈になった中井が、少しの物音にも過敏に反応して痛々しいほどに声をひそめるのとは対照的であった。中井は身振りも声も大きく物事にこだわらない積極性を持っていたが、その反面謙虚な学究人らしく折目正しく、細心で慎重な所があった。

保釈中の戸坂や石原辰郎、古在由重らに「予審終結決定」が出たのは、四月一五日であった。古在の決定書には「著述業　山田鉄夫事《こと》　古在由重／右の者に対する治安維持法違反被告事件に付き、予審を遂げ終結決定を為すこと左の如し。／主文　本件を東京刑事地方裁判所の公判に付す」と記載されていた。

いよいよ裁判準備で忙しくなるが、問題は生業、「職」であった。保釈中の身、そして左翼・四〇歳……、当然困難を覚悟したが、捨てる神あれば拾う神ありで、石原は科学主義工業社に入社し、戸坂と古在は四月から週四日、上智大学のカトリック大辞典編纂室に通うことになった。

カトリック大辞典編纂室は、古在が一度目の検挙ですべての教職を失った時、クラウス神父の世話で三木清と一緒に仕事をしたところであった。プラトン・アリストテレス協会で戸坂を知っていたクラウス神父は、古在が改めて戸坂を紹介すると、採用を即決した。神父が二人を採用したのはその思想を肯定していたわけではなく、ドイツ語の素養をもつ者が少ないなか、戸坂と古在の語学力を辞典編纂に役立てようとする合理主義からであった。『カトリック大辞典』の第一巻はすでに刊行済みで、翌四二年刊行予定の第二巻が終盤にかかっていた。編纂室にはドイツ人が三、四人、日本人は二人を入れて三人か四人で、仕事は本国のドイツ人が書いた原稿を邦訳したり、ほかの人の訳を再訂正する地味なものだったが、ドイツ人司祭たちの反ナチ的な雰囲気の編纂室は、気兼ねない会話が楽しめる別天地であった。戸坂は週の残り二日を白楊社（出版社）で過した。

四一年六月、日本政府の「盟友」ドイツが独ソ戦を開始し、第二次近衛内閣は四月に結んだばかりの日ソ中立条約を破ってソ連と開戦する北進か、対英米蘭への開戦を意味する南進かをめぐって混乱した。七月の御前会議は、「対ソ戦準備、南方進出のため日米開戦を辞さず」という曖昧ではあるが、強硬な「帝国国策要綱」を決定した。

その夏戸坂と古在は、カトリック大辞典編纂室から池袋の文化館に回って、ドイツ映画「勝利の歴史」を見た。映画はナチスが総力戦に備えて、国民を心理的に教化するため、ドイツ軍の無敵さとその「永遠の勝利」を謳《うた》い上げていた。リアリズム的手法をとりながら叙事詩的印象をも重視して巧妙に戦争の恐怖や死のイメージを回避しているだけに、二人はこの映画の国内での効果を恐れた。

相被告　一九四一年

公判準備のため、森宏一や桝本セツを連れた岡邦雄が上智大にちょくちょくやってきた。カトリック大辞典編纂室が置かれた建物には外来者用に応接間があり、重厚な調度類や大きな植木鉢が置いてあって、そこでは落ち着いて話ができた。戸坂は森宏一が来ると、古在由重を誘って三人で昼飯を食べ、依頼した弁護士やその公判対策、「被告仲間」の情報などを交換した。古在担当の伊藤清弁護士から送られてきた「相被《あい》告一覧」には、戸坂潤、岡邦雄、沼田秀郷、新島繁、森宏一、松本慎一、菅豁太、古在由重ら二二名の名前があった。

その秋、「国際諜報団」の嫌疑を受け、尾崎秀実が駐日ドイツ大使館顧問のゾルゲとともに逮捕された（ゾルゲ事件）。古在は友人尾崎の逮捕を気にしながら、カトリック大辞典の仕事を少し休んで、これまでの調書を読み、「上申書」を書いて、公判の準備を進めた。

公判当日の一〇月末、初めて陪審廷で正襟《せいきん》の司法官吏をみたときは、さすがに緊張した。傍聴は誰にも許されず、人定質問、検察の控訴事実の朗読、事実の認否、弁護士の意見陳述と進み、第一回公判は二時間ばかりで終わった。次回の第二回公判は一一月末、早くも論告求刑の予定となった。

一一月に入って、三木清が激励のつもりか、神田の鳥料理店「末はつ」に古在らを呼んでご馳走を振る舞ってくれた。三木はこの春、戸坂と古在が協力執筆した『現代哲学辞典』（日本評論社刊）を出したあと、ユニークな「読める哲学辞典」を企画して、戸坂などと神田の栗田書店で企画会議をなんどかもっていた。六月の独ソ戦開始以来、三木のヒトラー嫌いはいっそう激しくなっていた。この日も裁判の話が一段落すると、三木は煙草の灰が着物に落ちるのも気づかずに、「ヒトラーは自殺する。近衛には険難の相がある」などと放言した。そして、『国防教育』一〇月号の海軍中将浜田吉治郎の論文「政策、戦略、戦術」を読んでみろ、中将さえナチスの敗北を予言している、と言った。

一一月二六日の論告求刑は、みな四年であった。古在は特高が予言していた五年より一年少ないのを意外に感じたが、この求刑で逮捕以来の区切りがひとまずついて、その夜は沼田秀郷と晩飯を一緒にとり、二人で高橋庄治の家に行って快談した。問題は判決に執行猶予がつくかどうかであった。

論告求刑のあった同じ日、米国は全中国と仏印からの日本軍の撤退を求める「ハル・ノート」を出し、一二月一日天皇裕仁は御前会議で対米開戦を裁可した。そして一二月八日未明、日本は真珠湾攻撃、マレー半島コタバル強襲によって、米・英との戦端を開いた。宣戦布告文は「自存自衛のため」「東亜の安定勢力たる帝国の地位の擁護」を唱っていた。

戸坂と古在はこの戦争勃発を、上智大のカトリック大辞典編纂室のラジオで一緒に聞いた。ついに来るものが来た、それが二人同時に発した言葉だった。翌九日東条内閣は、予防拘禁制度をフルに活用し、宮本百合子を含む四百名に近い左翼運動家、自由・人道主義者たちを検挙した。戸坂も古在も再収監を警戒しなければならなかった。

開戦後東条内閣は戦時体制づくりを急いだ。一二日、戦争の名称を「大東亜戦争」と決め、一五日には言論出版集会結社等取締法を制定、一九日には戦時犯罪処罰特例法を公布した。すべての集会結社は許可制、出版は発禁だけでなく全面的発行停止も可能となり、雑誌や新聞にはこの侵略戦争を「聖戦」と合理化した高坂正顕らの論文があふれるようになった。

そして一二月二六日、相被告たちに判決が言い渡された。戸坂、岡は懲役四年、古在、石原、松本慎一、菅豁太らは二年であった。執行猶予三年がついた石原を除く、戸坂、岡、古在らは直ちに控訴した。

控訴院判決　一九四二年～四三年春

四二年一月、四六歳の三木清が陸軍の徴用をうけた。すでに開戦前から文学者を含む第一次の陸軍省徴用は始まっていたが、発表したばかりの「戦時認識の基調」(『中央公論』掲載、『三木清全集』⑮、所収)が軍部の忌憚にふれ、三木は報道班員としてマニラに送られた。

古在由重と松本慎一は、三木がマニラに発つまえに送別会を開いたが、逆に三木からは「特高にやられないように注意しろ」と忠告された。どこか暗いところのある三木だが、尾崎秀実逮捕後は英子夫人の生活のために尾崎所有の絵画を有料で引き取ったり、執筆禁止中の戸坂には自分の仕事の一部を回したりした。三木は哲学者・文化人としては珍しく、「思想問題」にひるむことがなかった。

戦局は開戦半年で工業生産力の大きな格差が顕在化して、米軍が日本軍を圧倒、日本は太平洋上の制海権を完全に奪われた。そのために日米開戦の目的のひとつ石油確保さえ、施設を無傷で奪ったものの、日本本土に安全に輸送することができなかった。国内では航空燃料として松根油採取が奨励され、松木の伐採が進められた。

マニラに着任したものの仕事はほとんどなく、三木はスペイン語を独学して現地の図書館に通い「比島人《フィリピン》の東洋的性格」などの論文（『三木清全集』⑮、所収）を書いて、一二月には帰国した。

一二月一六日、東京控訴院は戸坂らに懲役三年を言い渡した[2]。判決理由は、唯研を共産党の「外郭団体」と認定するために、「基本的には」とか「当面の任務と為し」とか「究極に於ては」などと、無理に無理を重ねるものであった。戸坂らは「自然科学社会科学等に於ける唯物論一般の研究及啓蒙を標榜し理論活動の分野に於て基本的には共産主義の基礎理論たる弁証法的唯物論を研究し之に関する会員相互の理論的水準を高むると共に一般大衆特に知識層に対し啓蒙活動を為すことを当面の任務と為し以て究極に於ては『コミンテルン』並日本共産党の目的達成に寄与し之を支援することを目的とする結社『唯物論研究会』を組織し」たというものであった。内務省警保局の「唯研の定義」とほぼ同じ文言だった。戸坂らは当然大審院に上告した。

その冬戸坂は、唯研会員だった内山賢次に誘われ、森宏一と一緒に上越岩原《いわっぱら》スキー場に行った。内山は五〇歳から始めたスキーが病み付きになり、「同好の士」獲得に精を出し、森が一年前の冬にその「餌食」になっていた。この冬は、金がないからと躊躇する戸坂を、自分が出版企画を立てて金の入る方法を考えるからと、強引に誘った。転ぶばかりの戸坂だったが、すっかりスキーに魅せられてしまった。

戸坂が書斎でスキー板をつけてフォームを取っている場面に、古在はその後何度も出くわした。酒量の多い戸坂が下戸に近い古在にむかって「酒の量を減らして、スキーを買いたまえ」と言うのを聞いて、内山は戸坂の「転向」ぶりにニンマリとした。しかし戸坂の滑りはなかなか上達せず、口さがない者は「あひるが羽をバタバタさせて、かけているようだよ」と言った。

翌年二月には、戸坂は森宏一夫妻、古在由重の四人で、長野の菅平《すがだいら》で二里あまりの「須坂下り」をした。戸坂は雪模様のなか転び転び降りたが、古在はとうとう途中で諦めてスキーを担ぎ出し、翌日には予定通り帰京したが、戸坂と森夫妻の三人は志賀高原にまわって、さらにスキーを楽しんだ。

古在の控訴院判決はそれから三ヵ月後、戸坂に遅れること半年、四三年の五月であった。一審と同じで懲役二年に変わりはなかったが、望んでいた執行猶予五年が付いたため、上告しないことにした。古在は思想犯保護観察法によって保護監察下に置かれた。

懲役三年で係争中の戸坂、刑確定・執行猶予中の古在、置かれた状況は違ったが、『カトリック大辞典』の仕事、そして日常的な交流は続いた。

戸坂の関心は広く、古在は様々に刺激を受けた。戸坂の読書範囲は、哲学はもちろん数学、物理学、生物学、文学、探検物語にもおよぶ広いものであったし、絵の展覧会や映画にもよく行った。世間の日々の動向にも興味は深く、その評論も人物評価も辛辣かつ的確であった。会話も人を引きつけずにはおかなかった。弾圧の激しさから知識人に大量の転向者が出て、「なぜ革命的な言辞を使っていた人間が戦争讃美に？」と疑問が出されたとき、戸坂が「そりゃ自分の過去の理屈をおぼえていては、だめだよ。すべて『わすれる』というのが転向者のコツさ」と言った。

ただ古在には、戸坂の論文・著作が簡潔さ・単刀直入さを欠き、まわりくどくうねうねした調子なのに不満があった。初期の哲学論文はともかく、原理的考究ではなくより応用的な時事問題を扱う場合も、さまざまな論理的経路を迂回して手が込みすぎるようなところがあり、その真意を把握するまでに骨が折れた。最近は発表の場はないようだが[3]、なにやら書きためているものには、表題のわかりやすさと内容の率直さを要求せずにはおれなかった。

懲役確定　一九四三年秋〜四四年

その秋、『カトリック大辞典』全五巻での戸坂と古在の仕事も大詰めを迎え、二人は解約となった。戸坂は本間唯一が編集長を務め、元唯研の拠点のようになった伊藤書店の編集顧問として糊口を凌ぐことになったが、仲間うちで失業しているのは古在だけで、クラウス神父が勧めるマックス・ヴェーバー『ヒンドゥー教と仏教』の翻訳を進めるかたわら、就職口を探さなければならなかった。心配した松本慎一が岩波書店の吉野源三郎に「なんとかならんか」と依頼したが、戦時下の用紙事情の悪化で岩波書店さえ青息吐息で、滞っていた訳書『西洋哲学史』の印税を支払うのが精一杯であった。古在が松本の紹介で大日本回教協会と回教圏研究所にアルバイト的な仕事を得て、それぞれ週一、二回通い出したのは、四四年の春からであった。

その間戸坂は伊藤書店の編集顧問として、「唯物論全書」よりももっと広い「百科全書」的な出版物を構想した。非合理主義に対して合理主義を、神話に対して科学を、戦争に対して平和を対置し、人びとの事態の真相を探る精神を培いたいと考えたのだが、結局時代の圧力と条件、伊藤書店の事情がそれを許さなかった。

しかし戸坂は時代に抗する出版物発行を諦めず、軍部が出す中国向けの宣伝印刷物に便乗して英文雑誌を発行しようと、参謀本部とうまく連携し、伊藤書店の店主伊藤長夫を説得して東亜文化協会なるものを作った。相談にのったのは三木清、その頃綜合インド研究所にいた松本愼一、それに森宏一と高桑純夫(1903.6生、哲学者、戦後愛知大教授・原水爆禁止日本国民会議事務局長)であった。戸坂はすでに参謀本部の後藤という人物と渡りをつけていた。後藤たちが戸坂や三木らの深い関与を知りながら大目にみたのは、参謀本部自身が、皇道主義的なイデオローグたちが書く独りよがりで程度が低くあまりに観念的な「書き物」に飽き足らないものを感じ、上海で出されているドイツの宣伝雑誌『トゥエンティー・センチューリー』をしのぐ日本の出版物を欲しがっていたからであった。戸坂はこの協会の発行物を通じて、参謀本部の思惑とは逆に日本にも合理主義の思想や帝国主義戦争に反対する声が存在することを世界に示そうとした。

戸坂は相談の席上、雑誌名を『グローブ』とし、その編集方針と事務処理などを提起した。編集実務は堀眞琴と高桑純夫とが担うことになった。

伊藤書店の薄暗い二階の編集室で、戸坂は悠然とパイプを燻らせながら、「ん、それは小倉さんに頼もう」などと言って、阿佐ヶ谷の小倉金之助の家まで高桑を連れて行った。戸坂は反戦思想を裸のまま表現することはなかったが、黄色い表紙に黒の英文字で「The Globe」と書かれた大判の英文雑誌は、抗戦する中国の人びとに、日本にも合理主義思想が存在し侵略戦争反対の声があることを伝えた。

四四年二月にトラック島が攻撃を受け、艦船四三隻が撃沈、航空機二七〇機が撃墜された。開戦からこの月までの損害は、南方方面だけで死者一三万人、艦船・船舶一一五隻、航空機八〇〇〇機というすさまじい数にのぼり、本土空襲の拡大が現実となり、誰もが疎開を考え始めた。

『グローブ』の準備が軌道に乗り始めた四四年四月、大審院は戸坂と岡ら五人の上告を棄却し、戸坂と岡の量刑が唯研メンバーでは最長の三年と確定した。執行猶予は付かなかった。街には「ラバウル航空隊」の歌が絶叫のように流れ、心ある誰もが迫り来る破局の前触れを感じていた。

その頃戸坂は本間に向って「日本を敗戦の憂目から救うためには、人民政府を即刻樹立して、今の戦争挑発者どもを強制的に職場に徴用しなければならない。そのためにも戦犯者どものリストを詳細に作っておくべきだ」と言った。

戸坂の頭には、この野蛮な戦争の終結の見通しと敗戦後の日本のあり方が明確に描かれていた。

下獄　一九四四年九月

上告が棄却になって下獄を覚悟した戸坂は、英文雑誌『グローブ』の指導を松本慎一に頼んだ。

松本は雑誌の仕事は引き受けたが、戸坂にはできる限り下獄を延ばすことを勧めた。戸坂はうまい口実がないとはじめは尻込みしたが、しばらくして周辺に「行く日を延ばせば、それだけ期間が短くなるのと同じだ」、「敗戦でどうせ政治犯は釈放になる。できるだけ引き延ばそう」と語り、刑執行の延期願いに動き始め、「歯の治療」を理由として一度目の延期を勝ち取った。

七月六日[4]、戸坂は故郷今治に八重夫人とともに疎開したばかりの石原辰郎に葉書を書いた。

「拝復　お出立の際は事故があってお送り出来ず大へん残念に思ひます。床の上で御静養の由、あまりガッカリして疲れが出たのではありませんか。小生の下野はこの十五日頃、岡大人は十日頃、伊豆小人は既に三日でした。下野に臨んで色々仕事があり、毎日伊藤書店に顔を出しています。思はしくないことの方が多い世の中です。併し先日は森君に会ひ、小生の楽観説をほめられました。只末期に際してキゴーを所望する不心得者なども少なからず、や、憂愁の態です。いづれ『近い内』お眼にか、りませう。奥様にクレ〴〵」。

同じ日、古在には電話で伝えた。戸坂は「三日に赤羽（伊豆公夫）が下獄した、岡（邦雄）は一〇日頃、俺は一五日頃だ」と言った。古在は緊張した。世界史転換の兆候は情勢や戦局ばかりでなく、友人たちの下獄など周囲の変化にも色濃く現れてきた。……松本慎一の家族はすでに六月に伊予に疎開、弟由信と菅豁太は徴兵され南方に派遣されている、そして戸坂らの下獄。世界史の動きがこれほど緊密に個人の生活に繋がっている時代は、ほかにはなかろう……。

その二、三日後、弁護士の海野晋吉（1885.8生）が送別の晩餐に岡邦雄と戸坂を招待した。サイパン陥落を知った日で、戸坂はいよいよ日本軍国主義崩壊の日が近づいたと機嫌良く話した。岡はその直後、巣鴨拘置所に下った。

戸坂の下獄が七月二〇日一〇時と決まり、高橋庄治が古在と戸坂を招いて一夜の宴をもった。開成中の同級生渡辺進もまた戸坂を自宅に招いて、数本のビールで別れを惜しんだ。戸坂はその頃興味のあった日本古代史のうんちくを披露したが、別れ際に「獄中の暮らしもそう永くはあるまい。ドイツの崩壊が先か、俺の娑婆へ戻るのが先か。いづれにせよ一年と経たぬうちに刑務所に迎えの車が来るだろう」と言って、駅の群衆のなかに消えた。

しかし下獄当日になって、伊藤書店の本間唯一が「戸坂さんの下獄は延期になった」と古在に知らせてきた。戸坂は、八月から開始予定の学童強制疎開の準備と実施のためとして、二度目の延期願いを出していた。

戸坂は延期願い通り、八月になって一五歳の長女嵐子を勤労動員先の寮に入れ、長男海《うみ》（一一歳）と次女月子《つきこ》（八歳）を長野県の集団疎開先へ送った。光成秀子との子戸坂明美（一〇歳）は、上総《かずさ》一ノ宮の伊藤至郎・光子夫妻のもとに縁故疎開させた。伊藤は病気で執行停止となり、一ノ宮で疎開を兼ねて静養していた。

その折、伊藤と仲間たちの近況や共通点の多い研究テーマなどを話したが、戸坂の生涯の研究テーマ「空間論」についても話が及んだ。伊藤は、空間論研究での戸坂の「慎重さ」、いわば怠慢を責め、「未熟であっても、獄中で研究を続け、出獄後さっそく出版できるように準備すべきだ」と言った。戸坂は八年前に刊行した『現代唯物論講話』に、それ以前に発表していた「空間論」を再録したが、伊藤はそれらの戸坂論文は手馴らしのようなもので、その後戸坂が新しく書こうとして研究ノートを幾冊か用意しているのを知っていた。戸坂は「そうしよう」と約束したが、果たされることはなかった。

戸坂は二度の下獄延期に成功したが、そこで延期願いとその交渉を打ち切った。先に下獄した伊豆公夫や岡邦雄に申し訳ないような気持ちが強くなっていた。松本慎一はなお延期することを勧めたが、戸坂はもはや動かなかった。下獄延期を勧めに阿佐ヶ谷の家にやって来た吉野裕と渡辺順三（1894.9生、歌人）にも、戸坂は「弁護士と相談して、今がいいと決めたのだ」と言った。

戸坂は八月下旬、別離の挨拶を兼ねて京都に行き、西谷啓治（京都帝大）などの友人たちと会った。陸軍を後盾にした右翼から攻撃を受けていた西谷は「反撃反論しないと収まらない」と息巻いたが、戸坂は「狂犬みたいな連中を相手にするのは馬鹿ばかしいからやめろ。戦争はもうじき終わる」と言って西谷を制した。戸坂は帰京後、西谷に「いよいよ下獄する。しかし間もなく出てくるから、また会おう」との葉書を送った。

下獄の数日前、戸坂は古在と一緒に、一歳と三歳の子どもをかかえたまま、岡の下獄を見送った桝本セツを訪ねた。セツは「ご馳走はなにもないが……」と恐縮したが、三人で食卓を囲んで、岡のこと、戦局のことなどを話した。セツには戸坂が元気いっぱいのように見えた。

伊藤書店からの帰途、戸坂は御茶ノ水駅で土屋保男と堀眞琴とに偶然出会った。戸坂は「明日、下獄するよ」と告げるように言って、明治大学のほうに下りていった。そして九月一日、「やがて戦争もすむ。あと一年たったらまた会おう」と古在に言い残して、戸坂は巣鴨の東京拘置所に下獄した。

九月初旬、桝本セツは疎開のために伊勢に向った。古在はいくらかの餞別を出し、セツのリュックを背負い両手に風呂敷包みをぶら下げて、東京駅に見送った。古在もまたこの八月、長者町（千葉県夷隅郡）に家族の疎開を済ませていた。

瘠癖　一九四四年秋〜四五年春

戸坂は既決囚の赤い服を着せられ、二舎一階四八房に入れられた。四七房にはゾルゲ事件のマックス・クラウゼン、五〇房には宮本顕治が居り、翌一〇月には京浜労働者グループの吉田寿生が四六房に入ってきた。

戸坂下獄の二ヵ月後、ゾルゲ事件の一一房尾崎秀実の死刑が執行された。一九四四年一一月七日、ロシアの革命記念日であった。その日の朝、尾崎は英子夫人に葉書を書いた。娘楊子を気遣ったあと、「近来警報頗る頻々、ますます元気で内外の情勢に敢然対処することを祈つてやみません。寒さも段々加はつて来ます。今年は薪炭《しんたん》も一層不足で寒いことでせう。僕も勇を鼓して更に寒気と闘ふつもりでゐます。英子殿」と結んだ。その直後尾崎は独房から出されて、絞首刑に付された。

吉田寿生が床屋で戸坂と一緒になった。戸坂は「五等食ではやっていけないので疥癬《かいせん》に罹《かか》っているのを隠して（食事が増える）請願作業をやっている」と言った。当局は疥癬の伝染を恐れて疥癬患者には請願作業を許さないのだが、戸坂は体力維持のためにあえて偽りを言って請願作業に就いていた。

岡邦雄が所内の床屋で偶然戸坂と一緒になった。その時は碌《ろく》に話はできなかったが、戸坂に持ち前の明るさがなく、血色も悪く、しかも痩せて見えるのが気になった。「そのうちに話す機会もあるだろう」、そう思ったが、岡はまもなく中野の豊多摩刑務所に押送されその機会を永遠に失った。

翌四五年二月、もはや敗戦は避けられないと判断した近衛文麿は、早期に和平をはかるよう天皇（裕仁）に上奏したが、天皇はもう一度敵をたたいてからとこれを拒否し、戦争継続をあえて選んだ。すでに米英ソ三首脳がクリミア半島のヤルタで会談を開き、ソ連の対日参戦や戦後処理が話し合われていた。三月になって硫黄島《いおうとう》で日本軍守備隊二万人が全滅し、一〇日早暁にはB29三三四機が東京東部を無差別に空襲し、一晩で二六万の家屋を焼きつくし一〇万人を殺戮した。米軍は三月の慶良間諸島への襲撃のあと、四月になって沖縄本島への上陸を開始した。

空襲が激しくなると、看守は短時間で入浴監視をすませようと、囚人二人を一度に浴室に入れるようになった。ある日戸坂は、中島飛行機工場の旋盤工で戦争批判をやってつかまったという四九房の若い男（箱崎満寿雄）と一緒になった。互いに痩せこけ肋骨さえ露わになっていた。その頃は荷札に針金を通す請願作業さえなくなって食事はさらに粗末になり、戸坂の疥癬は一層ひどくなっていた。全身の皮膚がただれて白く変色しているうえに、血が黒く凝結したような斑点さえいくつも浮かび上がっていた。

入浴時の会話は禁止されていたが、戸坂は若い男の話を聞き終わると、湯の中で固く手を握り、小声で「君は若いから頑張ってくれよ」と励ました。箱崎が「失礼ですが、どなたでしょうか?」と頭をさげて聞くと「戸坂だよ」とかすかな声で言った。「まさか唯研の戸坂さんが」と思ったとたん、「こやつらぁ! いつまでグズグズ入っているんだ」と怒鳴られ、浴室の扉が開いた。やむなく急いで獄衣をまとい廊下に出てから、戸坂はよろよろと歩いて四八房に戻った。箱崎には戸坂が大分弱っているように見えた。

空襲は激しくなる一方で、もはや東京近辺も安泰ではなかった。空襲時の脱獄などの混乱を避けるため、受刑者の地方移監が始まった。豊多摩刑務所の岡邦雄と伊豆公夫は仙台の宮城刑務所に送られ、戸坂は五月になって巣鴨の東京拘置所から長野刑務所に移された。

春の雨が房内を暗く湿らせていた朝、その日の朝食がすむと、隣の四八房から看守の言いつけるような声が聞こえた。箱崎が何事かと監視の小窓から覗くと、青い獄衣のまま編笠姿に腰縄をかけられて、二人の看守に引き出される戸坂が見えた。押送だ! と直感すると、急に不安と哀惜の念がこみ上げてきた。あの病み果てた姿でどこに送られるのか……、箱崎は監視窓の金網をつかんだ。「戸坂さん、どうかご無事で…… われら死すとも 赤旗を 掲げ進むを 誓う」、そう思うと涙があふれた。

戸坂にとって、長野はなじみのない土地ではなかった。開成中時代に渡辺進と連れだって和田峠を越え、諏訪から丸子への紅葉や新緑を楽しんだ地であり、海（国民学校五年）と月子（同三年）の学童疎開先でもあった。……冬は寒かろうが、長野なら空襲の心配はまずない。あと半年もすれば戦争は止み、解放の時がくるだろう。問題は食事と運動、健康だけだ……。車窓から見る信濃の山河は、往時の追憶と未来への思いを鮮やかにした。

戸坂獄死　一九四五年八月

欧州戦線では、四月にソ連赤軍がベルリンを陥し、三木清の予言通りヒトラーが自殺、五月七日ついにドイツが無条件降伏し、欧州での戦争が終わった。米英ソなどの連合国軍にとって残るのは、天皇を戴く「大日本帝国」だけとなった。しかし御前会議は六月八日、「本土決戦・一億玉砕」を決定した。その結果、八月六日広島そして九日長崎に、「新型爆弾」が落とされた。

八月一〇日、鷺宮に住む壺井繁治が突然古在のもとにやってきて、戸坂潤の獄死を伝えた。古在には敗戦は予想できても、戸坂獄死は全く考えられなかった。戸坂のひいでた眉、いきいきした目、酒も菓子をも平らげる健啖ぶり。一緒に泳ぎ、スキーを楽しんだスポーツマンの姿。現実の条件のなかで自己の思想を堅持し、決して不必要な退却をしなかった戸坂。理論家、啓蒙家だけではなく、組織者として弾圧の嵐のなかを漕ぎ進む「名船長戸坂」。その戸坂の獄死を信じることはできなかった。いや、信じたくはなかった。しかし壺井は、イク夫人が阿佐ヶ谷の新島繁に知らせに来たのだから間違いない、と言った。敗戦後こそ期待される戸坂が、敗戦を目の前にして死んだ……。戸坂の最期の心中を思うと無念の極みだった。古在は哀惜の思いと同時に、凶暴な権力への激しい怒りを覚えた。

敗戦情報入手のため駆け回っていた松本慎一が、戸坂の死を知ったのは八月一二日であった。夜遅く帰宅すると、留守居の婆さんが、昨日《きのう》伊藤圭郎さんという人が来て、九日に戸坂さんが長野の「疎開先」で急死した、と伝えた。松本は翌日阿佐ヶ谷の戸坂の家を訪れ、賢母と評判の八〇歳ちかい久仁子に会った。すでにイク夫人は長野に発っていた。

九日昼頃、「キトク」の電報があり、その三〇分後に「シス」の電報が追いかけて来た、その電報で荼毘《だび》にするかどうか訊いてきたので、真夏の腐食が心配で荼毘を頼むと返電した、ようやく長野行きの切符がとれて今日イクが渡辺進さんと出発した、と老母は言った。

間違いはなかった。戸坂が予見し待望していた「自由の黎明《れいめい》」がすぐにも訪れようとしているのに……。松本は唇をかみ、黙って立ちすくんだ。

空襲のため列車は遅れたが一四日朝、イクと渡辺進は長野刑務所に着いた。刑務所の前庭の草木は真夏の光に汗ばみ、蝉しぐれが辺りを妙にむなしく静まらせていた。イクと渡辺はひからびた応接室でしばらく待たされ、やがて戸坂の粗末な骨壺を抱いた。

死因は栄養失調と疥癬による急性腎臓炎との説明であったが、イクにはその説明が信じられなかった。一月《ひとつき》前長野に足を運んで面会したとき戸坂は元気そうで、敗戦で出獄したら長野の山を歩いて帰郷するからと、現金と登山用の服をイクに頼んでいた。そんな戸坂《ひと》が急死するものだろうか？　そう思いつつイクは、その足で小県《ちいさがた》郡長久保新町にまわり、海と月子の疎開先のお寺で、悲しむ二人の肩を抱きよせ、一緒に泣き、供養した。

古在は戸坂の死を悼みながら、八月一三日の昼、東京駅から京都に向った。家族は疎開先を長者町から京都に移していた。京都に着いた八月一四日、日本政府がようやく「ポツダム宣言」を受諾した。すぐに戦争が終わることも知らずに、京都駅周辺ではまだ強制疎開の最中で、家の柱に綱を架け汗みどろで自分の家を引き倒していた。日野の実家に着くと、上の娘二人が栄養失調のため青ぶくれした顔で迎え、美代は懸命に防空壕を掘っていた。古在は後ろから美代の肩をたたき、「戦争はおわったよ」と言った。美代はあっけに取られたような表情を見せたが、すぐ事態を悟った。

翌八月一五日、古在は家族と共に、降伏をつげる天皇の声をラジオで聞いた。

岡邦雄は八月末、宮城刑務所に届いたセツの手紙で戸坂の死を知った。受刑者と一緒に板敷に一列に座って縄をなっている時であった。……ウソではあるまい。戸坂が期待した日が現実に来たのに、何ということか……。深い悲しみが岡を襲った。同じ作業場にいた伊豆公夫も戸坂の死を聞いて愕然とした。岡はほかの受刑者に背を向け、ワラ屑だらけの手で両目を押さえた。

三木獄死　一九四五年九月

敗戦から一ヵ月経った九月二六日、三木清が豊多摩（中野）刑務所で獄死した。死骸は木棺不足のため、俵《たわら》に包まれて刑務所から運び出された。

三木の今回の下獄は、友人高倉テル（1891.4生、作家）の脱獄逃亡幇助《ほうじょ》のためであった。高倉は東京大空襲の数日後警視庁から脱走し、助けを求めて三木が娘洋子と二人で疎開する埼玉鷲宮の借家にやって来た。翌朝三木は、高倉に自分の下着や「みき」と名が入ったワイシャツを渡し、いくらかの金品とトランク、外套をもたせて送り出した。しかしそれから一〇日ほどして高倉は再逮捕され、ワイシャツの記名を手懸りに三木は三月末逃亡幇助のかどで逮捕され、巣鴨（東京拘置所）に収監された。

一宿一飯とシャツ一枚、少しの金員を与えたことが犯罪とされたのは、三木がかつてマルクス主義を研究したうえ共産党への資金援助で逮捕され、それでもなお戦争政策批判の言辞を繰り返していたからだろう。その意味で三木はその「思想ゆえに」捕らえられ、「刑事犯」であるがゆえに歯を折られるほどの拷問を受けた。しかも「刑事犯」扱いのため差入れ・面会は厳しく制限され、食事も衣服も官弁・官服だけで雑居房生活を送らねばならなかった。食料事情が逼迫するなか、友人たちのわずかな差入れと、麦飯さえ十分に噛むこともできない状態での獄中生活は、命そのものの削奪の日々であった。

三木は六月、巣鴨から豊多摩刑務所に移され、戸坂同様疥癬にとりつかれた。全身のかゆみ、着物に付着する膿、眠れない夜。房室は乾燥した膿汁の粉が飛散して黄色に見えるほどであった。睡眠不足と栄養失調が重なり、六〇キロを超していた体重は五四キロに落ちていた。

三木獄死の翌日天皇裕仁は、戦争責任を問わず天皇制を維持し自分を温存してくれたマッカーサーを表敬訪問した。命永らえた最高権力者と、獄死した抵抗者との、画然とした落差は鮮やかすぎた。

三木の訃報を伝えに来た森宏一の話を、松本慎一ははじめ冗談だろうと思った。しかし獄死前後の様子を聞くうち、悲しみより東久邇内閣への激しい憤りを抑えることができなかった。……三木を殺したのは奴らだ、治安維持法は撤廃せず、民主化も実行せず、山崎巌内務相にいたっては弾圧継続さえ公言した、ポツダム宣言を受諾した以上はすぐにでも治安維持法を撤廃しすべての政治・思想犯を釈放すべきだった、彼らのサボタージュが三木を殺したのだ……。

松本慎一はその翌晩の通夜に集まった人びとに、今日《きょう》集まった我々の名においてマッカーサー司令部に政治犯釈放促進を陳情しようと提案した。しかし占領軍に頼むのは嫌だという人、問題を政治的にしたくないという人たちが多く、結局松本は用意してきた陳情書草案の披露を止めた。大内兵衛が「なんとか君の気持ちの通るように努めよう」と言ったのがせめてもの慰めだった。

古在は京都日野と中野区鷺宮との往復のため、敗戦間際に獄死した戸坂の告別式にも、三木清の葬儀にも参加できなかった。しかし戸坂と三木、そして尾崎秀実の三人の優れた友人の悲劇を思うと、彼らを死にいたらしめた非人間的な力にたいする激しい憎悪と怒りをどうすることもできなかった。

……敗戦前年の秋ロシア革命記念日に絞首台の露と消えた尾崎秀実、長崎への原爆投下とソ連の対日宣戦布告の日に獄死した戸坂潤、そして治安維持法撤廃を見ないままの三木清の敗戦後の獄死。いったい何が、この三人の優れた友人たちを殺したのか？　いったい何が、だれが、どんな力が、彼らを奪い、国内外の夥しい貴重な命を奪ったのか？　いまだ南海に不明のままの弟由信、そして異国に遺棄された数知れぬ同胞たち。再びの戦争と人類の悲惨を押し止めるために、必死の力で立ち向かわなければならない。生き残った者の、いや俺自身の、それが最大の使命ではないか。俺の全努力を全生涯を、それに注ごう……。

それが敗戦時の古在の強い思いであり、一緒に闘い生き残った唯研の人々の決意であった。

生きて敗戦を迎えた唯研の仲間たちの、ファシズムに抗した仲間たちの、敗戦後の民主化運動がすぐに開始された。

注記

第1章　若き京都学派

1　当時の中学校は五年制で春卒業、高校は秋入学（一九二一年より学制改正で春入学となった）で、一高の二部甲は工科、乙は理科、丙は農科。ちなみに一部は法学、政治学、文学、三部は医学であった。また高校・大学とも三年制であったが、一九二一年からの学制改正により、戸坂の高校生活は一九一八年秋から二一年春までの二年半となった。

2　J・フォン＝クリースの要項は「カント哲学と現代の科学」として『哲学研究』第九巻第一二冊（一九二四年、第一〇五号）に、「物理的空間の成立まで――カントの空間論」はその翌月の第十巻第一冊（一九二五年、第一〇六号）に掲載された（ともに『戸坂潤全集』①に収録。ただし「カント哲学と現代の科学」は「カントと現代の科学」となっている）。

3　三・一五事件の直後、一九二八年三月二五日に結成された文芸戦線の統一組織。「日本プロレタリア」を冠した、作家同盟（ナルプ）、演劇同盟（プロット）、美術家同盟、映画同盟、音楽家同盟、写真家同盟の六団体で構成。

4　「続哲学叢書」の企画は当初一二編（冊）あったが、戸坂潤『科学方法論』、新明正道『社会学』、宇野円空『宗教学』、三木清『歴史哲学』、長田新『教育學』（一九三三年七月刊）の五冊で中断した（『岩波書店八十年』ほか）。

第2章　唯研創設

1　国際文化研究所は、民族文化ではなく「国際文化」を重視するとして、一九二八年一〇月に創設された。哲学部、文学部などの研究会、講演会や語学講習会を開き、雑誌『国際文化』を発行して主にソビエト文化を紹介していた。

2　産業労働調査所は、日本最初の労働運動のための調査研究機関として一九二四年三月に創立された。新進の研究者・運動家が結集して鉱山病のヨロケなど各種の調査を実施したが、三三年五月弾圧により閉鎖した。機関誌は『産業労働時報』。

3　コミンテルンは共産主義インターナショナルの略称。一九一九年レーニンらの指導の下、ソビエト共産党を中心としてモスクワに創設された国際共産主義運動の指導組織で、四三年に解散した。

4　『戸坂潤選集』（伊藤書店、一九四八年刊）と『戸坂潤全集』（勁草書房、一九六七年）の年譜や梯明秀の回想は「四月」としているが、草野昌彦の考察と能勢克男の記述（ともに『回想の戸坂潤』勁草書房、一九七六年刊）によった。

5 「共産党シンパサイザー事件」は一九三〇年二月中旬から始まり、一五〇〇人が検挙された事件。四・一六事件につぐ三度目の大弾圧事件で、山田盛太郎、平野義太郎なども検挙された。

6 日本共産党が一九二五年九月より合法機関紙として発行した『無産者新聞』が、二九年八月に発行停止となったため、翌月から非合法紙として『第二無産者新聞』が発行された。

7 教授会や学生らは三木の復職運動を三四年まで続けたが、文部省はついに復職を認めなかった。

8 三・一五事件直後に結成された解放運動犠牲者救援会が、一九三〇年八月国際赤色救援会（略称モップル）に加盟するのに際し日本赤色救援会と名称変更した。事務所は牛込区市ヶ谷富久町にあった。

9 全国行脚のメンバーは、秋田雨雀、佐野袈裟美、佐々木孝丸、江口渙、秋沢修二などで、甲府、松本、長野、三条、富山、京都、大阪、兵庫、三重、名古屋などを巡回した。なお、上野自治会館での講演日を、秋沢修二は三月二三日（『社会主義』一九七六年三月、『季報・唯物論研究』一九八二年一一月）、『大阪時事新報』（一九三一年六月八日）は五月二三日と報じているが、ここでは川内唯彦の回想（『現代と思想』一九七一年六月）を基本にした。

10 コップ（日本プロレタリア文化連盟）は一九三一年一一月、ナップの発展的再組織として結成。ナップの加盟団体のほかプロ科、戦無、新興教育研究所など一二団体が加盟したが、三四年弾圧により解散した。

11 この月刊とみられる雑誌は一〇月一日付で発行されたが、第三号が発禁処分になったあと、共生閣店主藤岡淳吉が転向を表明し（一九三三年五月）、半年間ほどで廃刊になった（渋谷一夫「唯物論研究会の歴史（三）」『サジアトーレ』第三四号）。

12 発足以降の幹事名は、巻末「唯研幹事一覧」参照。

第3章　唯研の奴ら

1 当日の講演者・演題は次のとおり（『唯物論研究』第二号「報告」）。大塚金之助「科学史に於ける最近の二三の業績」、舟木重信「詩人ハイネ」、佐藤弘「地理的唯物論」、内田昇三「動物としての人間」、三枝博音「論理の唯物論的基礎」、（休憩）、斎藤晌「無神論者としてのスピノザ」、戸坂潤「思想的範疇論」、佐々弘雄「政治と唯物論」、岡邦雄「科学と宗教との対立の現在」。

2　共軛（共役）とは、数学の場合「ある関係にある二つの点・線・数などにおいて、二つを入れかえても、その性質に変化が起こらないような二つのものどうしの関係」（三省堂『大辞林』）。化学、物理学、地球科学などでも類似の「共役」関係にある現象が定義されている。

3　物理学者マッハは実証主義の立場から、唯物論、観念論を克服するとして経験批判論を展開し、感覚を主観と客観の区別をもたぬ中性的なものとしたが、レーニンから「主観的観念論」であるとして批判された。

4　梯明秀は「同志社の神棚事件が起こるまで、半年間は続いた」としている（「座談会『京都哲学左派の形成過程』その三」『未来』一九七二年九月号）が、神棚事件は一九三五年六月の事件であり、梯の記憶違いと思われる。

5　この日の予定講演者と演題は、石原辰郎「生物学と唯物論」、服部之総「初期資本主義発達史の方法論」、清水幾太郎「社会と社会学」、安田徳太郎「私の診療経験」、宇佐美鐵夫「原始社会の研究」、羽仁五郎「カール・マルクスの生涯」、兼常清佐「ワグネル」であった（『唯研』第七号「報告」）。

6　相澤秀一は一九三二年に上京したが、三三年春に京都に戻って地方会員となり、第4章で後述する『世界文化』『土曜日』などにかかわった。

7　『唯研』の稿料は、組み上がり一頁五〇銭であった。一頁は九ポ活字一段組で四〇〇字原稿用紙約二枚分、六号（七・五ポ）活字三段組で三枚分程度で、四〇〇字原稿用紙一枚にすると二〇銭前後にあたる。『哲学研究』は一枚一円、『歴史科学』（白楊社）は一頁一円であった。

8　ちなみに総会では、会員二三三名、維持員二六名、研究会回数一〇三回、延べ参加人数一二二〇人と報告された。

9　赤羽寿の筆名には、赤木健介（一九二五年〜）と伊豆公夫（一九三一年五月〜）の二つがある。赤羽は岡邦雄の紹介で創立大会に参加したが、すぐ非合法活動に入っていた。

10　記事では全員が二月検挙のように読めるが、石井友好、岡邦雄は二月、伊藤至郎は三月、今野武雄は五月、羽仁五郎は九月の検挙であった。

11　デボーリンはソビエトの哲学者で『マルクス主義の旗の下に』の編集長を務めたが、スターリンに実践から遊離した観念論的傾向があると批判された。

12　「総長」名称は、一時期「学長」であったが、一九三四年五月から再び「総長」名に戻った（『法政大学百年史』）。

13　この退会者の中には、山田坂仁（山岸辰蔵）のようにその後の『唯研』に論文寄稿を続け、研究会チューターを務め続けた者、新島繁（本名・野上巖）のように復帰して幹事

（一九三六月七月〜）を務めた者もいる。

第4章　おけさほど

1　四五五年ローマに侵攻したヴァンダル族の略奪行為から、文化・文化財を破壊すること、蛮行（『大辞林』）。

2　たとえば「技術に関する文献」第二八号（一九三五年二月）、「ソヴェート技術に関する文献（一）（二）」第二九、三〇号（三五年三月、四月）、「進化論文献」第三一号（三五年五月）、「日本『古代』史料について」第三二号（三五年六月）など。

3　全協は、弾圧による評議会（日本労働組合評議会）の解散後、その再建のため一九二八年末に結成された。失業者運動・反戦闘争を闘い三二年前半に全盛期（組合員数一万二〇〇〇人）を迎えたが、弾圧により三四年末に消滅した。

4　『土曜日』創刊号は、『京都スタヂオ通信』の継続紙としたため、第一二号とされた。

5　後述する『唯物論研究』の後継誌『學藝』にも「ブック・レヴュー」は継続され、毎月一三、四冊、最高で一七冊（三二ページ）が取り上げられた。

6　「結婚に就て」（『婦人文芸』一九三五年一二月号）、「新恋愛論」（『中央公論』一九三六年五月号）、「新しきモラルに就て」（『婦人公論』一九三六年一〇月号）、「新女性観――新しきフェミニズムの提唱」（『日本評論』一九三六年一二月号）、「再婚論」（『文藝春秋』一九三六年一二月号）。

7　『唯物論研究』にも「唯研ニュース」にも会員数の記述はないが、『社会運動の状況　八』には一二月末現在で一五六名と記述されており、第四回総会からの大幅な増減はなかったようだ。

8　石原辰郎の給料は、入局当初二〇円、途中で三〇円、一度五〇円となったが、唯研解散の頃は三〇円に戻った。入局前の姫路高校での石原の給与は一二五円であった（「座談会　唯物論研究会の活動」、古在由重『戦時下の唯物論者たち』所収、附録）。

第5章　唯研解散

1　第六九号からは、「唯研映画クラブ版」となった。

2　『中野重治全集』別巻の年譜では、二、三日が高岡、四日富山、五日福野町となっているが、記載した旅程は戸坂筆「中野重治と北陸を旅する記」（「唯研ニュース」第七七号、一九三七年八月一五日）によった。

3　全評は、全協の事実上の潰滅を受け、新たに反ファッショと労働戦線の階級的統一をめざして一九三四年一一月に結成された（委員長・加藤勘十、組織人員六六〇〇）。
4　一五回分すべてが、『戸坂潤全集』⑤に収録されている。
5　宮本百合子の自筆年譜では、執筆禁止がゆるんだのは一九三九年六月頃となっている。
6　目次と編輯後記では「改題の辭」、本文では「発刊の辭」となっている。
7　のちの九月号の目次には「唯研ニュース」からの継続紙を意味する「No.93」とある。さしずめ四月創刊号は「No.89」にあたるが、創刊号の現物は確認されていない。
8　この二冊は、保釈された刈田新七の手に渡ったが、疎開、転居、戦争の混乱のためか、現存は確認されておらず（「唯物論研究復刻版月報」一七）、「まぼろしの一二月号」（古在由重）となった。総発行部数は二四七〇部であった（『特高月報』昭和一三年一二月分）。
9　「所謂学生グループ事件（唯物論研究会系）」として、一九四〇年一〇月末までに学生二七七名が検挙された。
10　コミンテルンが一九三二年五月に出した「日本における情勢と日本共産党の任務にかんするテーゼ」。帝国主義戦争反対、天皇制の打倒、七時間労働制の実現などを呼びかけていた。

第6章　獄死

1　一九三六年、思想犯保護観察法が公布・施行され、治安維持法違反の罪で執行猶予または不起訴となった者を保護司の監督下においてその行動を監視し、再犯防止、転向の促進をはかった。観察期間は二年ごとの更新制だった。
2　『戸坂潤選集』（一九四八年刊）、『戸坂潤全集』（一九六七年刊）とも、東京控訴院判決を一九四三年の一二月としているが、ここでは『回想の戸坂潤』（一九四八年初版）の年譜と、奥平康弘著『治安維持法小史』に拠った。
3　戸坂は『文芸』一九四一年四月号に「ラムなどについて」を発表した（鈴木正氏が一九九〇年尾道の古書店で発見、全集未収録）。なお、『信州白樺』第六五号（一九八五年一〇月）には全集未収録の五本の論文（「日本主義の再検討」「平和論の考察」など）が収録されている。
4　『戸坂潤全集』⑤（勁草書房、一九六七年）、『戸坂潤選集』⑥（伊藤書店、一九四八年）の口絵説明は、それぞれ「昭和二〇年」「一九四五年」となっているが、一九四四年の誤りと思われる。石原の今治疎開は「一九四四年夏」（「追悼　石原辰郎」年譜）、戸坂の下野（下獄）は、全集・選集とも「一九四四年九月一日」となっている。

参考文献（本文記載順）

第1章　若き京都学派

『戸坂潤選集』第八巻、年譜、伊藤書店、一九四八年六月。

『戸坂潤全集』全五巻、勁草書房、一九六六年四月〜一九六七年二月、『別巻』一九七九年一一月。

『回想の戸坂潤』勁草書房、一九七六年、所収。
・村山知義「戸坂の思い出」
・内田昇三「中学及高等学校時代の戸坂」
・中井正一「戸坂君の追憶」
・梯　明秀「牢獄と軍隊」
・田辺　元「戸坂君を憶う」
『戸坂潤全集』月報、勁草書房、一九六六年二月〜一九六七年二月。
・月報①　村山知義「戸坂君の思い出」
・月報④　西谷啓治「戸坂潤の思い出」
・月報②　下村寅太郎「戸坂潤——京都学派群像中の」
・月報⑤　梯明秀「彼との淡々とした親交」
藤本治「戸坂潤とその思想の民衆性」『信州白樺』第六五号、銀河書房、一九八五年一〇月。

渡辺進「思ひ出の中から」『唯物論研究』第四集、伊藤書店、一九四八年一一月。

座談会「京都哲学左派の形成過程」（その一〜六）、梯明秀、坂田吉雄、船山信一、甘粕石介、（司会）上山春平、『未来』一九七二年七月〜一二月。

平林康之『戸坂潤』（近代日本の思想家10）東大出版会、一九六〇年。

宮川透『三木清』（近代日本の思想家9）東大出版会、一九五八年。

『法政大学百年史』同編纂委員会編、法政大学刊、一九八〇年一二月。

河野與一「和辻さんの心遣い」『三木清全集』月報⑩、岩波書店、一九六七年七月。

坂田徳男「三木君の思い出」『三木清全集』月報⑦、岩波書店、一九六七年四月。

小島威彦「藤堂参伍と三木清」『藤堂参伍追悼録』中央公論出版事業部。

『岩波書店八十年』岩波書店、一九九六年一二月。

『小林勇文集』第一一巻、「一本の道」「鉄塔書院のころ」、筑摩書房、一九八三年。

久野収『三〇年代の思想家たち』岩波書店、一九七五年。

真下信一「私をささえた哲学」、『時代に生きる思想』新日本新書、一九七一年一〇月。

真下信一「戸坂潤の想い出」『唯物論研究』復刻版月報②、一九七三年一月。

岩倉政治「戸坂・本間・唯研」『唯物論研究』復刻版月報⑤、一九七三年七月。

第2章　唯研創設

加藤文三他『日本歴史』(下)、新日本新書、一九六九年一月、第四版。

美作太郎『戦前戦中を歩む』日本評論社、一九八五年。

本間唯一「反宗教運動」『日本宗教史講座』第四巻、三一書房、一九五九年。

『回想の戸坂潤』勁草書房、一九七六年、所収。
・草野昌彦「一九三〇年のことなど」
・梯明秀「牢獄と軍隊」
・岡邦雄「戸坂潤君のこと」
古在由重「クラウス神父のこと」『古在由重著作集』第六巻、勁草書房、一九六七年七月。

古在由重「三人への回想——三木・戸坂・松本」『革新』一九四八年三月号。

真下信一「戸坂潤の思い出——京都時代のこと」『赤旗』一九七一年四月一〇日。

光成秀子『戸坂潤と私』晩聲社、一九七七年一〇月。

草野昌彦「戸坂先生をめぐって」『唯物論研究』復刻版月報⑭、一九七五年一月。

上床雪「潤夫人・イクさんの同僚として」『信州白樺』第六五号、銀河書房、一九八五年一〇月。

本多修郎「唯研の友山田坂仁氏の訃を聞いて」『季報・唯物論研究』第二五・二六合併号、一九八七年七月。

川内唯彦「回想　反宗教闘争同盟、唯研創立のころ」『現代と思想』第四号、一九七一年六月。

秋沢修二「反宗教闘争同盟と唯物論研究会」『社会主義』一九七六年三月。

「『戦闘的無神論者同盟』と『唯物論研究会』　秋沢修二氏に聞く(二)」『季報・唯物論研究』第七・八号合併号、一九八二年一一月。

川内唯彦「三枝博音と無神論運動」『三枝博音著作集』月報⑩、中央公論社、一九七三年六月。

「唯物論研究會の足跡」(岡邦雄、本間唯一、伊豆公夫、古在由重、新島繁ら一一名による座談会)『唯物論研究』第一号、三笠書房、一九四七年一〇月。

戸坂潤「唯物論研究會に対する認識」『昭和思想統制史資料』第一三巻、生活社、一九八〇年六月。

岡邦雄「唯物論研究會に対する認識」、同上。

森正蔵『風雪の碑——昭和受難者列伝』鱒書房、一九四六年。

復刻版『唯物論研究』全一八巻、青木書店、一九七二年一一月〜七五年九月。
・戸坂潤「機関紙五十号記念のために」、第一二巻、第五〇号、一九三六年一二月。
・刈田新七「もうひとつの側面」、同上。
・本間唯一「田舎での『唯研』観」、同上。
・石原辰郎「さまざまな思ひ出」、第一六巻、第六五号、一九三八年三月。
・「唯物論研究会報告」、第一巻、創刊号、一九三二年一一月。
座談会「京都哲学左派の形成過程」（その三）『未来』一九七二年九月。

渋谷一夫・北林雅洋解説、復刻版『唯研ニュース』不二出版、二〇一二年二月。
・頼阿佐夫「研究會創立のあとさき」第五〇号。
・戸坂潤「唯研創立当時の一表情」第五〇号。
・由井賢之介「唯研草創記　東北ビル時代」第六九、七二号。
・石原辰郎「新事務所禮讃」第七四号。
渋谷一夫「唯物論研究会の歴史（三）」『サジアトーレ』第三四号、二〇〇五年。

三枝博音『河原の石　三枝博音・その人と思想』清水弘文堂書房、一九六九年一〇月。

桝本セツ「三枝さんと岡邦雄」『三枝博音著作集』月報③、一九七二年一一月。

内田昇三「唯研のこと戸坂のこと」『唯物論研究』復刻版月報③、一九七三年三月。

鶴田三千夫「本間唯一氏の想い出」『風雪佐越』第一一号、一九七三年一〇月一日。

石原辰郎「戸坂さんを思う」『戸坂潤全集』月報①、一九六六年二月。

古在由重『戦時下の唯物論者たち』「付録　座談会　唯物論研究会の活動」青木書店、一九八二年一一月。

『讀賣新聞』一九三二年一一月一日「展望台　どこまで続く唯物論研究會」。

『讀賣新聞』一九三二年一〇月七日「噂の噂　唯物論研究會近く成立」。

森宏一「第一巻解説」『唯物論研究』復刻版月報①、一九七二年一一月。

三枝博音「服部之総と私」『三枝博音著作集』第七巻、中央公論社、一九七三年三月。

第3章　唯研の奴ら

復刻版『唯物論研究』全一八巻、青木書店、一九七二年一一月～七五年九月。
・石原辰郎「唯研の初期のころのこと」、月報①、一九七二年一一月。
・長谷川一郎「唯研発足のころ」、月報②、一九七三年一月。
・草野昌彦「戸坂先生をめぐって」、月報⑭、一九七五年一月。
・「報告」、第一巻、第三号、一九三三年一月。
・「報告」、第二巻、第七号、一九三三年五月。
・石原辰郎「さまざまな思ひ出」、第一六巻、第六五号、一九三八年三月。
・石原辰郎「唯研の連中」、第一二巻、第五〇号、一九三六年一二月。
・刈田新七「もうひとつの側面」、同上。
・「研究組織部報告」、第一巻、第五号、一九三三年三月。
・見田石介「思い出すこと」、月報⑥、一九七三年九月。
・伊豆公夫「第二巻解題」、月報②、一九七三年一月。
・平田小六「内幸町の事務所」、月報①、一九七二年一一月。
戸坂潤「唯物論研究會に対する認識」『昭和思想統制史資料』第一三巻、生活社、一九八〇年六月。

岡邦雄「旧唯研のおもいで」『季刊・唯物論研究』第一号、青木書店、一九六〇年四月一日。

『毎日新聞』二〇一五年二月一七日「小林多喜二の最期」。

古在由重・丸山眞男対談「一哲学徒の苦難の道」『暗き時代の抵抗者たち』同時代社、二〇〇一年一月。

暉峻凌三「回想断片」『戸坂潤全集』月報②、一九六六年四月。

『回想の戸坂潤』勁草書房、一九七六年。
・岡邦雄「戸坂潤君のこと」
・村山知義「戸坂の思い出」
座談会「唯物論研究會の足跡」『唯物論研究』第一号、三笠書房、一九四七年一〇月。

中島健蔵『回想の文学』Ⅱ、平凡社、一九七七年。

犬丸義一『日本人民戦線運動史』、青木現代叢書、青木書店、一九七八年九月。

船山信一「三枝さんとの私」『三枝博音著作集』月報⑩、一九七三年六月。

船山信一「私のプロレタリア文化活動時代（一）」『季報・唯物論研究』第四号、一九八二年一月。

船山信一「私のプロレタリア文化活動時代（二）」『季報・唯物論研究』第七・八合併号、一九八二年一一月。

『近代日本社会運動史人名大辞典』日外アソシエーツ。

古田光「解説」『戸坂潤全集』①、勁草書房、一九六六年。

『法政大学百年史』法政大学刊、一九八〇年一二月（主に「第六章　大学令による法政大学時代」）。

宮永孝「〈研究ノート〉昭和八・九年の『法大騒動』」。

桝本セツ「岡邦雄の一生」『思想の科学』一九七一年一二月。

『特高月報』昭和九年一一月分。

第4章　おけさほど

「座談会『世界文化』の思い出」（真下信一、和田洋一、神田文人）『現代と思想』第二号、一九七〇年一二月。

「暗い時代と抵抗の歴史——雑誌『世界文化』をめぐって」（対談　真下信一、新村猛）『名大評論』第一〇号、一九六五年五月。

平林一「『美・批評』『世界文化』と『土曜日』」『戦時下抵抗の研究』I、みすず書房、一九六八年一月。

見田石介「思い出すこと」『唯物論研究』復刻版月報⑥、青木書店、一九七三年九月。

「資料部から」「唯研ニュース」第二四号、一九三五年四月一〇日。

石原辰郎「唯研マークのこと」『信州白樺』第六五号、銀河書房、一九八五年一〇月。

戸坂潤「旅の随筆　佐渡と新潟」「唯研ニュース」第三〇号、一九三五年八月二九日。

「『戦闘的無神論者同盟』と『唯物論研究会』——秋沢修二氏に聞く（二）」『季報・唯物論研究』第七・八合併号、一九八二年一一月。

石原辰郎「第一一巻解題」『唯物論研究』復刻版月報⑪、一九七四年七月。

久野収「市民として哲学者として」『久野収集Ｖ　時流に抗して』岩波書店、一九九八年九月。

鶴田三千夫「第一〇巻解題」『唯物論研究』復刻版月報⑩、一九七四年五月。

石原辰郎「第一一巻解題」『唯物論研究』復刻版月報⑪、一九七四年七月。

「夏の旅　佐渡ケ島紀行」「唯研ニュース」第五四号、一九三六年九月一日。

「唯研ピクニック特輯　晴れたり！秋空」「唯研ニュース」第五七号、一九三六年一〇月一五日。

澤地久枝『昭和史の女』文藝春秋、一九八〇年四月。

『特高外事月報』昭和一一、一二年分。

本村四郎「山田坂仁略年譜」『季報・唯物論研究』第二五・二六合併号、一九八七年七月。

岡邦雄「戸坂潤君のこと」『回想の戸坂潤』勁草書房、一九七六年。

第5章　唯研解散

渋谷一夫「唯物論研究会の歴史（四）」『サジアトーレ』第三五号、二〇〇六年。

戸坂潤「唯物論研究會に対する認識」『昭和思想統制史資料』第一三巻、生活社、一九八〇年六月。

石原辰郎「新事務所禮讃」、「唯研ニュース」第七四号、一九三七年七月一日。

「両國の川開き――続事務所物語り」、「唯研ニュース」第七六号、一九三七年八月一日。

「続事務所物語り――咆哮怒號篇」、「唯研ニュース」第七七号、一九三七年八月一五日。

古在由重『戦時下の唯物論者たち』青木書店、一九八二年一一月。

池島信平『雑誌記者』中央公論社、一九五八年。

巖木勝「病床録」、「唯研ニュース」第八一号、一九三七年一〇月一五日。

久保昭男「『唯物論全書』『三笠全書』書誌」『「唯物論全書」と現代』久山社、一九九一年。

桑原武夫「ベンガルの槍騎兵」『中井正一全集』第三巻、月報①、美術出版社、一九六四年五月。

新村猛「『世界文化』のこと（一）～（一〇）」『展望』一九七四年一〇月～一九七五年一二月。

石堂清倫『わが異端の昭和史』勁草書房、一九八六年。

中野重治「大人の風格」『戸坂潤全集』月報⑤、一九六七年二月。

中島健蔵『回想の文学』Ⅲ、平凡社、一九七七八年。

森宏一「刈田新七さんのこと」『唯物論研究』復刻版月報⑧、一九七四年一月。

本多顕彰「思ひ出」『唯物論研究』第四集、伊藤書店、一九四八年一一月。

黒田秀俊『知識人・言論弾圧の記録』白石書店、一九七六年一一月。

美作太郎ほか『言論の敗北——横浜事件の真実』三一書房、一九五九年。

吉野裕「唯研の屋根の下に」『唯物論研究』復刻版月報⑦、一九七三年一一月。

土屋保男「良心の火は「唯研」にあった」『唯物論研究』復刻版月報⑨、一九七四年三月。

鶴見俊輔「『唯物論全書』復刊に寄せて」『「唯物論全書」と現代』久山社、一九九一年五月。

平田小六「内幸町の事務所」『唯物論研究』復刻版月報①、一九七二年一一月。

中島健蔵『昭和時代』岩波新書、一九五七年五月。

第6章　獄死

内務省警保局篇『社会運動の状況』、⑪昭和一四年、⑫昭和一五年、三一書房、一九七一年一二月。

佐伯陽介「留置場にて」『回想の戸坂潤』勁草書房、一九七六年。

上床雪「潤夫人・イクさんの同僚として」『信州白樺』第六五号、銀河書房、一九八五年一〇月。

中島健蔵『回想の文学』Ⅳ、平凡社、一九七七年。

桝本セツ「岡邦雄の一生」『思想の科学』一九七一年一二月。

下村寅太郎「戸坂潤——京都学派群像中の」『戸坂潤全集』月報②、一九六六年四月。

伊谷賢蔵「中井正一と私の芸術交流」『中井正一全集』月報①、一九六四年五月。

内山賢次「戸坂潤さんとスキー」『戸坂潤全集』月報③、一九六六年七月。

高桑純夫「思想の自由について」『偉大なる愛情』育生社弘道閣、一九四九年九月。

高桑純夫「戸坂さんの晩年」『唯物論研究』復刻版月報⑪、一九七四年七月。

森宏一「戸坂潤の晩年」『戸坂潤全集』月報③、一九六六年七月。

「戦中日記」『古在由重著作集』第六巻、勁草書房、一九六七年七月。

古在由重『戦時下の唯物論者たち』青木書店、一九八二年一一月。

本間唯一「戸坂さんと『縄ノレン』」、『回想の戸坂潤』勁草書房、一九七六年。

いいだ・もも「解説」『戸坂潤全集』第五巻、勁草書房、一九六七年二月。

渡辺進「思ひ出の中から」『唯物論研究』第四集、伊藤書店、一九四八年一一月。

吉野裕「唯研の屋根の下に」『唯物論研究』復刻版月報⑦、一九七三年一一月。

西谷啓治「戸坂潤の思い出」『戸坂潤全集』月報④、一九六六年一〇月。

土屋保男「良心の火は「唯研」にあった」『唯物論研究』復刻版月報⑨、一九七四年三月。

尾崎秀実『愛情はふる星のごとく』世界評論社（大月書店版）、一九四六年九月。

箱崎満寿雄「一九四五年三月・巣鴨」『信州白樺』第六五号、銀河書房、一九八五年一〇月。

松本慎一「尾崎・戸坂・三木――死とその前後」『世界評論』一九四八年二月。

あとがき

戦前の唯物論研究会を主導した「名船長」戸坂潤の獄死は、本文に記したように一九四五年八月九日である。その一週間後に「終戦」となり、三木清獄死のほぼ一週間後に、治安維持法、特高警察の廃止、政治犯の釈放が占領軍によって命ぜられ、その直後から一気に民主化運動が始まった。

科学者たちの再組織化も例外ではなく、岡邦雄、本間唯一、伊豆公夫、古在由重、松本慎一、高桑純夫、堀眞琴、新島繁ら多くの科学者・知識人の手によって、翌四六年一月には「民科」（民主主義科学者協会）が発足した。民科は最盛期には一万人の科学者を擁し、日本科学者会議創設の力になるなど戦後の平和と民主主義建設の大きな推進力となった。唯研と戸坂の「科学的精神」はそのようにして生き続けたのである。

この書は戸坂潤と三木清、ふたりの哲学者の獄死を書いた所で筆を置き、戦後のそうした活動にはまったく触れなかった。かつての唯研会員の戦後の活動は広範囲に及び、今はそれらをまとめあげる時間も力もなく、他日を期すほかない。ただ三年前に上梓した『ある哲学者の軌跡――古在由重と仲間たち』（花伝社）に、古在をはじめとした幾人かの唯研会員の戦後を描いているので、参照していただければ幸いである。

＊

戸坂の死後について言えば、翌四六年から唯研関係者が東京の多磨霊園で墓参を行い霊園前の茶屋「石勝」につどって、戸坂と唯研の往時を語り合うようになった。その最初の墓参は翌四六年八月四日（日）の午前、戸坂の新墓所を斜めに日射す静かな日であった。足が不自由になった七九歳の母久仁子は自宅に残ったが、イク夫人など家族・親戚七人と、内田昇三、渡辺進、森宏一、本間唯一、伊豆公夫、伊藤至郎、高桑純夫、松本慎一、内山賢次など一二人が参列して骨壺を石室に収め、一人ひとりが黙礼した（伊藤至郎「戸坂潤　埋骨の日」『人民評論』一九四六年一一月・一二月合併号）。

それ以来今日まで途切れることなく続くこの墓参会は、その後亡くなった永田広志、松本慎一（ともに四七年没）、相川春喜（五三年没）、新島繁（五七年没）、甘粕石介（七五年没）の墓を順次めぐって花を手向けたあと、「石勝」で西瓜を食べながら故人を偲び歓談するところから、いつとなく「西瓜忌」と呼ばれるようになった。

この西瓜忌の世話役は、当初本間唯一（五九年没）、石原辰郎（八六年没）らが務め、その後鶴田三千夫（故人、技術史研究家）、江口十四一（故人、青木書店編集長）氏が、現在は小川晴久氏（東京大学名誉教授）と渋谷一夫氏（横浜国立大講師）が務めており、筆者も誘われて二〇〇七年から参加するようになった。

＊

この書の執筆を思いたったのは、その渋谷一夫氏が詳細な調査研究のうえ『サジアトーレ』という同人誌に連載した「唯物論研究会の歴史」（全七回、二〇〇三年第三二号〜〇九年第三八号）がきっかけで、この研究論文を生かして、戸坂潤と仲間たちの、そして唯物論研究会の存在と活動を、多くの人に知って欲しいと思ったからである。

執筆に当たっては、関係者の回想記などを多用したが、それもこれも渋谷氏の論文と詳細な注記が大いに参考になった。ここに心からの感謝を申し上げなければならない。

＊

この書の刊行が「平和安全保障法」と偽称する憲法破壊の「戦争立法」の国会審議と重なったのは偶然に過ぎない。この法案を止めるのも、万にひとつ可決されても、平和と民主主義を求める国民の抵抗は続くであろう。願わくばその先頭に、かつての唯研同様「若い人びと」が屹立していることである。

＊

この書もまた、多くの方々のご協力に支えられて完成した。特に復刻版『唯物論研究』借覧の機会を提供して頂いた梅津勝恵氏、岩波書店の歴史についてご教示頂いたうえ装丁を担当して頂いた坂口顯氏、校正について貴重なアドバイスを頂戴した山本恵子氏、そして編集を担当して頂いた柴田章氏に、改めて感謝を申し上げたい。

なお便宜のために、関連年表、唯研幹事一覧、人名索引を末尾に付したので参考にして頂ければ幸いである。

二〇一五年、梅雨入りの日に

筆者

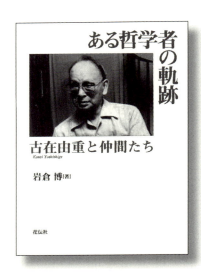

岩倉博（いわくら・ひろし）
1947年、宮城県角田市生まれ。1970年、福島大学経済学部卒業。鉄鋼業、印刷業の事業所に勤務し、労働組合の活動に従事。1995年、東京地方労働組合総連合（東京労連）事務局に入局、2003年まで事務局長。08年まで東京地方労働組合評議会（東京地評）書記。1988年から私家版冊子『でくのぺん』を執筆・刊行。山梨県北杜市在住。
著書
『異評　司馬遼太郎』草の根出版会、2006年
『ある哲学者の軌跡——古在由重と仲間たち』花伝社、2012年
編著
『陽光きらめいて——民主経営労組40年のあゆみ』光陽出版社、1992年
『国際労働基準で日本を変える——ＩＬＯ活用ガイドブック』大月書店、1998年

ある戦時下の抵抗——哲学者・戸坂潤と「唯研」の仲間たち

2015年8月20日　初版第1刷発行
2022年6月5日　初版第2刷発行

著者 —— 岩倉　博
発行者 — 平田　勝
発行 —— 花伝社
発売 —— 共栄書房
〒101-0065　東京都千代田区西神田2-5-11出版輸送ビル2F
電話　03-3263-3813
FAX　03-3239-8272
E-mail　info@kadensha.net
URL　http://kadensha.net
振替 —— 00140-6-59661
装幀 —— 坂口　顯
印刷・製本— 中央精版印刷株式会社

ISBN978-4-7634-0750-4 C3023

人名索引

ゆ

よ

り

わ

資料　唯研幹事一覧

幹事経験者名	発起人に加わった人	幹事選出総会 創立（32・10）	Ⅱ回（33・10）	Ⅲ回（34・11）	Ⅳ回（35・11）	Ⅴ回（36・11）	備考 入退会、幹事就退任ほか	検挙・拘留ほか	唯研事件
1 相川　春喜			○	○				33.1、36.7	
2 相澤　秀一			○	○					
3 秋沢　修二				○	○			32.7	②
4 石井　友幸	○	○	○	○	○	○	33.12 就任、35.2 辞任	33.2	①
5 石川　湧			○				34.11 退会	33. 夏	
6 石原　純					○		36.11 退会		
7 石原　辰郎	○		○	○	○	○			①
8 伊豆　公夫	○				○	○	35 再入会、36.6 就任	33.5、35 釈放	①
9 伊藤　至郎	○				○	○	34 再入会	33.4	①
10 岩倉　政治					○	○	37.10 応集	34.5 ～年内	①
11 内田　昇三	○	○	○						
12 内山　賢次			○	○					
13 江口　渙					○	○		33 秋、37.1 ～ 38 暮	
14 丘　英通	○	○	○	○					
15 岡　邦雄	○	○	○	○	○	○	創立事務長、Ⅳ、Ⅴ総会幹事長	33.2	①
16 小倉金之助	○	○	○	○	○				
17 小田　一夫				○			35.2 辞任		
18 梯　明秀				○				37. 秋	
19 神近　市子				○					
20 刈田　新七			○	○	○	○	33.12 退会、34.4 再入会		①
21 喜多野精一			○				34.7 退会、35.3 退会		
22 草野　昌彦					○	○		37.11	
23 小泉　丹	○	○							
24 古在　由重						○	36.4 入会	33.6	①
25 小西　栄治				○	○		33 入会		
26 斎藤　晌	○	○							
27 三枝　博音	○	○						33.8	
28 坂本　三善			○		○	○	33 秋入会、34.11 辞任、37.6 退会		①
29 佐木　秋夫			○				32 末入会	34.1 ～ 35 夏	
30 清水幾太郎		○	○						
31 新明　正道			○				33.12 退会		
32 高木　弘					○				
33 高橋　一夫			○						
34 高橋　文雄					○				
35 田代三千稔			○						

36	辰巳　経世				○	○	○		30.7.7	
37	田中　康夫				○			35.2 辞任		
38	玉城　肇			○						
39	徳永　郁介				○	○	○			
40	戸坂　潤	○	○	○	○	○	○	Ⅱ～Ⅴ総会事務長	33.12 即釈放	①
41	富山小太郎	○	○	○						
42	永田　広志			○	○			35.8 辞任	32.5	①
43	中村　平三			○	○			34.11 退会		
44	並河　亮		○	○				33.12 退会		
45	新島　繁					○	○	35.1 退会、36.7 就任	33.5	①
46	沼田　秀郷						○	32.9 入会、35 再入会、37.3 就任	33.12、36. 初	①
47	長谷川如是閑	○	○					創立総会幹事長	33.11.23	
48	服部　之総	○	○	○				34.4 退会		①
49	羽仁　五郎	○	○	○				34.5 退会	33.9	
50	早川　二郎					○	○	35.3 入会、37.11 死亡	32.3	
51	林　達夫	○	○	○				34.7 退会、35.3 退会		
52	早瀬　利雄			○				33.12 辞任		②
53	平田　小六				○					
54	広島　定吉					○		36.1 就任		②
55	舟木　重信	○		○					33.12.6	
56	船山　信一	○		○					34.5.7、35.6	
57	堀　眞琴			○	○			35.2 辞任、36.7 退会		
58	本多　謙三	○	○					33.2 退会		
59	本間　唯一					○	○	35.7 入会	33.2	①
60	松浦喜久太郎			○						
61	皆川　宗橘				○					
62	三波　利夫					○	○			
63	森　宏一			○	○	○	○			①
64	山田　章			○				33.12 辞任		
65	山田　坂仁				○			35.1 退会、36.7 就任	34. 夏	
66	筧　清						○			
各年度幹事合計		—	17	34	26	27	15			

注 1)　唯研解散は 1938 年 2 月。

注 2)　発起人合計は 40 名。幹事経験者 66 名のうち 20 名が発起人。

注 3)　創立総会時の幹事長は長谷川如是閑、第 2 回、第 3 回総会時、幹事長は空席。

注 4)　「検挙・拘留ほか」は、主に 32 年以降のもの。「唯研事件」第 1 次（38 年 11 月）の検挙者は①、第 2 次（40 年 1 月）は②。

注 5）　出所は雑誌『唯研』、「唯研ニュース」による。いずれにも人名の誤植が散見される。

資料　関連年表

西暦	世界と日本の動向	戸坂潤と唯研関係の動向
1900		9.27　戸坂潤、東京・神田松下町に生まれる
1910	5.25　大逆事件、8.22 韓国併合	
1911	8.21　警視庁特高課設置	
1913		4月　戸坂潤、開成中入学
1914	7.28　第一次世界大戦勃発（～ 18.11.11）	
1918	7月　米騒動、8月シベリア出兵	4月　戸坂、一高理科（二部乙）入学
1920	12.9　日本社会主義同盟創立（～ 21.5.28 解散命令）	
1921		4月　戸坂、京都帝大文学部哲学科入学
1922	7.15　日本共産党結成	
1923	9.1　関東大震災	
1924		3月　戸坂、京都帝大卒業。秋一年志願兵に（24.12 ～ 25.11）
1925	4.23　治安維持法公布	
1926		1月　戸坂、梯明秀、三木清らと「一高会」開始（やがて「木曜会」に）
	12.5　社会民衆党結成	4月　戸坂、同志社女子専門学校ほかの講師に
	12.9　日本労農党結成	12月　岡田充子と結婚
1927	4.1　兵役法制定	春　三木上京、法大教授へ
	5.28　第一次山東出兵	秋　戸坂、原隊復帰、陸軍砲兵少尉に（除隊 28.3）
1928	3.15　三・一五共産党弾圧事件	3月　三木顧問の岩波書店でスト
	3.25　ナップ（全日本無産者藝術連盟）結成（～ 31.11.12）	
	4.10　労農党、日本労働組合評議会などに解散命令	
	7.3　全国の警察に特高課設置	10月　三木、羽仁五郎ら『新興科学の旗のもとに』刊行
	10月　国際文化研究所設立	
1929	4.16　四・一六共産党弾圧事件	春　戸坂、大谷大、神戸商科大で哲学を講ず。マルクス主義研究会開始
	10.13　プロ科（プロレタリア科学研究所）発足	
	10.24　世界恐慌始まる（暗黒の木曜日）	
1930	1月～4月　ロンドン軍縮会議	2月初　戸坂、共産党幹部を自宅に泊め、川端署に留置（1週間）
		5.20　三木清、山田盛太郎ら共産党シンパ事件で検挙
		7月　妻充子死去
1931	9.18　満州事変勃発	4月　戸坂、上京（法大講師に）。「アンシクロペディスト」企画会議に参加
	9.20　戦無（日本戦闘的無神論者同盟）結成	11月　法政大哲学会講演会で、戸坂講演に中止命令
	11.27　コップ（日本プロレタリア文化連盟）結成	12月　戸坂、小曾戸イクと再婚

1932	1.20　日本ファシズム連盟発足 1.28　第一次上海事件 3.24　コップ大弾圧開始（～６月末、400 名検挙） 5.15　軍部クーデター、犬養首相暗殺（五・一五事件） 6 月　警視庁、特高課を特高部に強化 7.31　ドイツ、ナチス第一党に 10 月　大日本国防婦人会結成	1 月　川内唯彦、「唯研構想」を秋沢修二に話す 5 月　戸坂、岡邦雄、三枝博音で第１回相談会（～ 8.31 までに 12 回開催） 9.25　唯研発起人会（日比谷三信ビル、22 人） 10.23　唯研創立総会（銀座・建築会館、51 人） 11.2　唯研創立記念講演会（保険協会講堂、400 人）、『唯物論研究』創刊（木星社刊） 12.11　京都支部結成に向け、哲学・科学の会懇談会（楽友会館、30 人）
1933	1.30　ヒトラー、ドイツ首相に就任 2.20　小林多喜二逮捕、即日虐殺さる 3.27　日本政府、国際連盟脱退 4.22　京都帝大「滝川事件」 5.10　ドイツ、ナチス焚書事件 7.10　学芸自由同盟結成（長谷川如是閑、三木清ら）	4.10　唯研第２回公開講演会（本郷の仏教青年会館、300 人）、中止・解散命令 6 月　『唯物論研究』第８号より自前発行に 8.17　三枝博音検挙（9.8 保釈） 10.15　唯研第１回ピクニック（登戸へ、15 人） 10.29　唯研第２回総会（事務所２階、30 人）。戸坂事務長に 11.10　『唯研ニュース』第１号発行 12.7　戸坂、杉並署に召喚、同夜釈放
1934	4 月　コップ解体 10.1　陸軍省、国防国家建設主張 ＊この年、東北地方大凶作、身売り続出	2 月　研究部門充実のため、３部門へ再編（研究会乱立回避） 8 月　戸坂、法政大免職。この夏より「特別研究会」（唯研レクチャ）開催 9.21　新協劇団結成（村山知義ら） 11.11　唯研第３回総会（日比谷の東洋軒、27 人参加、会員 211 人） 11.26　警視庁、唯研会員名簿入手、警視庁の介入で退会 43 人
1935	2.18　天皇機関説事件 3.4　袴田里見逮捕、共産党中央壊滅 5.1　戦前最後のメーデー（36 年は禁止に） 6.28　フランスで人民戦線結成 7.25　コミンテルン第７回大会（～ 8.20、人民戦線戦術採用） 8.3　日本政府、国体明徴を声明	1 月　戸坂「唯物論研究会に就て」を地裁検事局に提出 2.1　中井正一ら『世界文化』創刊（～ 37.10、34 号） 2 月　戸坂「愛国運動と右翼小児病」執筆 5.10　『唯物論全書』（第一次）刊行開始 6 月　唯研図書室新設 7.24　唯研マーク「フェニックス」発表 7 月　戸坂『日本イデオロギー論』刊行 8 月　戸坂、岩倉政治と佐渡の本間唯一宅へ、新潟で座談会（25、6 人） 10.20　唯研第５回ピクニック（登戸で小運動会、32 人） 11.10　唯研第４回総会（日比谷市政会館、21 人）、岡幹事長、戸坂事務長 11.21　唯研第１回茶話会（責任者、宮地八峰）、15 人

1936	1.15　スペイン人民戦線協定成立 2.26　二・二六事件（翌日～7.18 東京市に戒厳令） 3月　ソ連大使館事件（通訳8名逮捕） 5.28　思想犯保護観察法公布 6.4　フランス、ブルム人民戦線内閣成立 7.10　コム・アカデミー事件（山田盛太郎ら35人検挙） 11.25　日独防共協定調印 12.5　共産党再建準備委一斉検挙（15県633人）	2月　唯研、研究会中止（～4.4)、茶話会中止（再開 6.9) 3月　「唯研関係者逮捕」の記事（東京朝日新聞）に、唯研として取り消し要求 7月　『土曜日』創刊（～37.11、33号で廃刊、通巻44号） 8.13～　戸坂、森宏一、堀眞琴、佐渡へ。8.17 新潟県高田で座談会（20人） 9.14　幹事会、「東京学藝通信社」設置決定（創立 10.16、事業開始 12.21） 10.9　報知新聞報道「新恋愛論の岡邦雄氏家庭解消？」 11.23　第5回総会（唯研図書室、22人）。岡幹事長解任動議出る 11.30　幹事会、岡、戸坂の社会大衆党入党問題で一悶着も、岡幹事長、戸坂事務長選出 暮より、岡、戸坂『都新聞』の匿名批評欄「狙撃兵」に参加
1937	6.4　第一次近衛内閣成立 7.7　盧溝橋事件（日中全面戦争へ） 7月　「国民精神総動員運動」開始 8.13　第二次上海事件 9月　第二次国共合作、抗日民族統一戦線成立 12.13　南京占領（日本軍による大虐殺事件発生） 12.15　第一次人民戦線事件（労農派、山川均ら検挙）	3.19　唯研映画クラブ発足（代表、岩崎昶） 4.18　第7回ピクニック（小金井堤で花見、24人） 4月　戸坂『世界の一環としての日本』刊行 6.19　新事務所に移転（岩本町、市場ビル） 7.17　市場ビル屋上で、両国川開きを見物 8月　戸坂、中野重治、岩倉政治「北陸地方夏期講演会」へ 11.8　『世界文化』グループ検挙事件、唯研内に「解散論」出る。同日、早川二郎凍死 12.27　岡、戸坂ら7名に執筆禁止令
1938	2.1　第二次人民戦線事件（労農派教授グループ検挙） 2.7　岩波文庫社会科学関係28点に「自主的休刊」強要 4.1　国家総動員法公布	1.8　幹事会、唯研改組、岡幹事長、戸坂事務長退任（一般会員に）決定、発表 2.12　幹事会、急転直下で唯研解散決定、声明発表、『學藝』発行所発足 3月　『唯物論研究』最終号発行（65号） 4月　『學藝』創刊（通巻66号） 11.29　唯研第一次事件（岡、戸坂ら唯研関係者35名検挙）、『學藝』74号押収
1939	5.12　ノモンハン事件 7.28　朝鮮人労働者強制連行開始 9.1　ドイツ、ポーランド侵攻（第2次大戦）開始	4月　戸坂夫人（イク）、日本高女の家庭科教師に 4.18　岡邦雄手記「唯物論研究会に対する認識」（於麹町署） 5.8　戸坂手記「唯物論研究会に対する認識」（於杉並署）
1940	9.27　日独伊三国同盟調印 10.12　大政翼賛会結成 11.23　大日本産業報国会結成 ＊この年「八紘一宇」「贅沢は敵だ」「新体制」などの時局流行語広がる	5月　戸坂起訴され、東京拘置所に移監 12.8　予審判事の取り調べ終了し、戸坂釈放

1941	6.22　独ソ戦開始 9.6　帝国国策遂行要領決定 10.15 「ゾルゲ事件」検挙始まる 12.8　真珠湾攻撃（太平洋戦争開始）	4月　戸坂ら予審終結決定、本訴へ。カトリック大辞典編集に係わる 11.26　戸坂らに懲役4年の論告求刑 12.16　戸坂らに第一審判決、懲役4年。控訴
1942	2.2　大日本婦人会発足 5.26　日本文学報国会結成 12.23　大日本言論報国会設立総会	1月　三木、徴用でマニラに（～12月） 12.16　戸坂、東京控訴院判決（懲役3年）
1943	1.13　ジャズ等英米楽曲約1000種の演奏禁止 5.29　アッツ島の日本軍玉砕 9.8　イタリア、無条件降伏 12.10　文部省、学童縁故疎開を促進	冬　戸坂ら、上越岩原、長野菅平でスキーに興ずる
1944	6.15　米軍、サイパン上陸（日本軍玉砕） 8.23　女子挺身勤労令公布 10.24　レイテ沖海戦（日本海軍連合艦隊壊滅）	4月　戸坂ら、大審院で上告棄却（懲役3年確定）。三木、森らと『グローブ』刊行 7月　岡邦雄、伊豆公夫下獄 9.1　戸坂、東京拘置所に下獄、疥癬に苦しむ
1945	3.9～10　東京大空襲 5.7　ドイツ軍、無条件降伏 6.8　御前会議、本土決戦方針採択 7.26　ポツダム宣言 8.6　広島原爆投下 8.8　ソ連、対日参戦布告 8.9　長崎原爆投下 8.15 「終戦の詔勅」放送、敗戦 10.15　GHQの指令により治安維持法廃止	3月　三木逮捕 5月　戸坂、空襲のため長野刑務所に移監 8.9　戸坂、長野刑務所にて獄死 9.26　三木、豊多摩刑務所にて獄死